Film und Musik

Veröffentlichungen
des Instituts für Neue Musik und Musikerziehung
Darmstadt

Band 34

Film und Musik

Fünf Kongreßbeiträge
und zwei Seminarberichte.
Herausgegeben von
Helga de la Motte-Haber

SCHOTT
Mainz · London · Madrid · New York · Paris · Tokyo · Toronto

Bestell-Nr. ED 8218

Umschlaggestaltung: Günther Stiller, Taunusstein
Printed in Germany · BSS 47961
ISBN 3-7957-1774-4
ISSN 0418-3827

Inhalt

Vorbemerkung 7

Hansjörg Pauli
Funktionen von Filmmusik 8

Lothar Prox
Konvergenzen von Minimal Music und Film 18

Helga de la Motte-Haber
Filmmusik und Neue Musik 25

Josef Kloppenburg
Möglichkeiten der filmischen Visualisierung von Kunstmusik 34

Edith Decker
Die visuelle Musik Nam June Paiks 37

Barbara Barthelmes
Das massenmediale Phänomen Videoclip als Gegenstand der Musikwissenschaft.
Eine Kritik ihrer medientheoretischen Grundlagen 43

Christoph Metzger
Wahrnehmung und Lernen im frühkindlichen Umgang mit dem Fernsehen 50

Vorbemerkung

Die Geschichte der Musik des 20. Jahrhunderts läßt sich kaum hinreichend darstellen, ohne daß man auf die Berührung der neuen Musik mit der Filmmusik eingeht. Deren beider Verhältnis ist sehr komplex. Die Filmmusik, ein Bastard, den Apoll in einer schwachen Stunde zeugte, hatte sich schnell – zumindest soweit als damit neue Ausdrucksbereiche eröffnet wurden – das Idiom der neuen Musik angeeignet. Viele Komponisten der neuen Musik glaubten, im Medium Film ihre ästhetischen Intentionen besser darstellen zu können, als mit den traditionellen musikalischen Gattungen. Dabei sind nicht nur bedeutsame Kompositionen entstanden, sondern auch neue Formen einer audiovisuellen Kunst. Der Film war immer ein beliebtes Anschauungsmodell für eines der bedeutsamsten ästhetischen Programme des 20. Jahrhunderts, das die Aufhebung der Trennung zwischen den Künsten vorsah. Er machte deutlich, daß im Zwischenbereich zwischen den Zeit- und Raumkünsten Neuland zu bestellen war. Und in der Tat sind neue Kunstformen entstanden, die inzwischen eine Geschichte haben. Der Bogen reicht von den musikalischen Farblichtspielen bis hin zur Videokunst. Durch die Entwicklung der technischen Medien ist die Visualisierung von Musik zudem zu einer künstlerischen Herausforderung geworden.

Das Institut für Neue Musik und Musikerziehung hat dem Thema Filmmusik eine Reihe von Vorträgen und Seminaren gewidmet, die auch die traditionelle Analyse von Musik zum Spielfilm einschloß.

Jedoch sollte vor allem das breite Spektrum der wechselseitigen Beziehungen zwischen Film und neuer Musik sichtbar gemacht werden.

Allen, die zur Entstehung des vorliegenden Bandes beigetragen haben, sei herzlich gedankt, darunter besonders Frau Christine Werner, die nach langjähriger Tätigkeit für das Institut in den Ruhestand tritt und zum letzten Mal eine Tagung organisatorisch betreut hat.

Helga de la Motte-Haber

Hansjörg Pauli

Funktionen von Filmmusik

Kinofilme, und nur von ihnen soll im folgenden die Rede sein, Kinofilme, egal ob es sich um reine Industrieprodukte oder um Autorenfilme handelt, entstehen – vorsichtig ausgedrückt – nicht allein um der Kunst willen: in erster Linie sollen sie Geld einspielen, und zwar tunlichst mehr als was zur Deckung von Negativkosten, Kapitalzinsen und publizitären Aufwendungen erforderlich ist. Sie richten sich demgemäß nicht an erlesene Zirkel, sondern an ein Massenpublikum. Und die Musik, die sie mitbringen, soll dazu beitragen, daß sie dieses Massenpublikum auch erreichen. So einfach ist das, einige Distanz zum Gegenstand vorausgesetzt.

Ihrer Aufgabe, dem zugehörigen Film den Weg zum Publikum zu ebnen, kann Filmmusik nun auf zwei Schienen gerecht werden. Einmal in Verbindung mit dem Film, als dessen integrierender und seit der Durchsetzung des Tonfilms auch technisch integrierter Bestandteil, und dann, indem sie abgetrennt vom Film, auf Schallplatte oder CD aufgezeichnet, für diesen wirbt. Wie wichtig das Schallplattengeschäft nach dem Niedergang der Studio-Ära für Hollywood wurde, ist bekannt; ebenso, daß da in einzelnen Fällen die Verwertung der Musikrechte größere Summen einbrachte als der Verleih des Films, für den die Musik eigentlich gedacht war; auch hat sich herumgesprochen, was an Schindluder getrieben wurde und noch wird mit »original sound-tracks«, die weder »sound-tracks« sind noch gar »original«. An all das sei hier lediglich der Vollständigkeit halber erinnert; ich habe nicht die Absicht, darüber weitere Worte zu verlieren.

Was aber heißt es, daß Filmmusik als integrierender und integrierter Bestandteil eines Films mithelfen soll, diesem den Weg zum Publikum zu ebnen? Es heißt, jetzt aus der Nähe besehen, ziemlich viel, und ziemlich Unterschiedliches.

I.

Aller Anfang ist schwer, oder etwas spezifischer auf unser Thema gemünzt: kritisch für jeden Film, gleich welcher Machart, ist der Einstieg in die Geschichte, die erzählt werden soll.

Gewiß hat diese Geschichte irgendwo etwas mit uns, dem Publikum zu tun: die Filmindustrie ist ja keine Traumfabrik, wie gelegentlich behauptet wird, das heißt, sie verfertigt nicht Träume, am Ende aus dem Nichts, sondern sie greift Träume auf, die bereits existieren, hervorgetrieben aus realen, gesellschaftlich bedingten Versagungen, und verdichtet sie zu Fabeln, mit deren Protagonisten wir uns identifizieren können, um in ihrer Haut die Versagungen zu kompensieren, die Träume auszuleben. Bloß daß es uns nicht immer gelingen will, in diese Geschichten so unvermittelt und ohne Vorbehalte einzutauchen. Das mag an den Geschichten liegen, die manchmal einfach zu exzentrisch geraten sind, oder an uns, daran, daß uns der Alltag mit seinen Sorgen und Nöten nicht aus den Fängen läßt; jedenfalls: ganz ohne Zuspruch (wenn nicht Überredung) schaffen wir den Sprung in die Kunstwelt des Films selten so ohne weiteres.

Zuzusprechen, zu überreden aber ist Sache der Musik. War es schon in der Oper, die die Ouvertüre in den Rang einer Institution erhob: als orchestrales Vorspiel, das zwischen den Alltag der Besucher und die Kunstwelt des Musiktheaters einen Puffer setzte. Ähnlich eröffnete in den Stummfilmpalästen der zwanziger Jahre das Kinoorchester die Show mit einem im Glanz der Scheinwerfer auf der Bühne konzertant vorgetragenen Orchesterstück, übrigens meist einer Opern-Ouvertüre. Im Tonfilm wanderte dieses Orchesterstück ein in den Film, wurde zur werkspezifischen Titelmusik. Als solche nimmt es fortan in irgendeiner Form Bezug auf das, was folgt, gewiß: die Grundgestimmtheit der Filmerzählung oder den Charakter der ersten Sequenz; vielleicht exponiert es gleich noch das Material für spätere musikalische Einlassungen – nach wie vor aber ist die Titelmusik auch, wenn nicht vorab dazu da, den Kinobesucher vom Alltag abzulösen, ihn einzustimmen auf den holden Trug, der seiner harrt.

Wie ernst die Industrie selber die persuasive Funktion von Filmmusik nimmt, mögen ein paar Beobachtungen andeuten:

Vielfach hat es mit den Titelmusiken im Tonfilm nicht sein Bewenden; das heißt: vielfach hört die Musik nach der Titelei, mit Beginn der ersten Sequenz, nicht auf, sondern setzt sich fort, deckt (möglicherweise in unterschiedlichen Erscheinungsformen) die ersten fünf, zehn, bis zu zwanzig Filmminuten zu; erst danach wird das Publikum sozusagen freigegeben, sich selber (und der Fabel) überlassen.

Wo Filme nicht mehr mit großen Musikflächen operieren, sondern kurze Einzelstücke einsetzen, ist deren Konzentration im ersten Filmviertel meist deutlich größer als danach.

Propagandafilme enthalten fast ausnahmslos sehr viel Musik. Die deutschen aus der Nazizeit schon gar.

Filme, deren Fabeln zeitlich oder räumlich der Alltagserfahrung des Publikums besonders ferngerückt sind, Historienstücke etwa, früher auch science fiction, verwenden in der Regel mehr Musik als zur Zeit ihrer Entstehung üblich war.

Und nicht ganz vergessen seien in diesem Zusammenhang auch dramaturgisch signifikante Einzelfälle wie *King Kong*[1] 1933 oder *Fantastic Voyage*[2] 1966: da wird zu den mehr oder minder realistischen, zumindest nachvollziehbaren Expositionen auf Musik verzichtet; erst wo die Erzählungen umkippen ins ganz und gar Märchenhafte, wo Kongs Insel in Sicht kommt, beziehungsweise das miniaturisierte Unterseeboot eintaucht in die Blutbahn des Geheimnisträgers Benesch, beginnt die Musik und setzt dann bis zum Ende nur noch sporadisch aus.

Zwei Anmerkungen noch:

Persuasive Funktion kann Musik natürlich aufgrund ihrer emotionalisierenden Wirkung übernehmen: Emotionalisierung heißt ja, negativ definiert, Abbau rational fundierter Widerstände – Gillian Anderson spricht in ähnlichem Zusammenhang geradeheraus von Anästhesie[3]. Daß diese emotionalisierende Wirkung im übrigen nicht nur generell wahrgenommen werden kann, sondern meßbar ist, an Veränderungen von Pulsschlag, Atemfrequenz, Kapillarspannung, galvanischem Hautreflex, ist bekannt; ebenso, daß sie sich letztlich aus dem Verlauf der Hörbahn erklärt, den Verschaltungen des nervus cochlearis beispielsweise mit parasympathischen Strängen im Boden der Rautengrube. Und:

Persuasive Funktion kann jegliche Musik übernehmen, gleichgültig welches Idiom sie spricht. Zu überlegen wäre aber, ob persuasive Wirkung nur mit Hilfe von Musik

1 *King Kong*, R: Merian C. Cooper/Ernest B. Schoedsack, M: Max Steiner, RKO 1933
2 *Fantastic Voyage*, R: Richard Fleischer, M: Leonard Rosenman, 20th Century Fox 1966
3 Gillian B. Anderson, *The Presentation of Silent Films or Music as Anaesthesia*, *The Journal of Musicology* V/2, 1987, S. 257-295

hervorgerufen werden kann: Musik nun im verengten Sinn als Instrumentalmusik verstanden. Ob sie sich nicht auch hervorrufen ließe über die Arbeit mit Geräuschen, meinetwegen welchen, die als offensichtliche oder mutmaßliche Bildtöne den Filmszenen entstammen. Ob nicht das Publikum auf solche Geräuschkompositionen ähnlich reagieren würde wie auf Kompositionen von artifiziellem Klangmaterial, darin den Theoretikern der Filmmusik ein gutes Stück voraus. Und ob nicht die Annahme, daß es sich sehr wohl so verhalten könnte, wenigstens mithülfe, die einigermaßen schockierenden Ergebnisse der Untersuchungen zu erklären, die Klaus-Ernst Behne 1987 zur Perzeption von Filmmusik durchführte[4]: den Umstand etwa, daß nach einer Vorführung von Claude Chabrols Film *Masques*[5] die Mehrzahl der befragten Zuschauer den Musikanteil auf 60 bis 90 % veranschlagte – dabei sind es deren 23.

II.

Gesetzt, die Hürde sei genommen, das Publikum sei bereit, sich auf die Geschichte einzulassen, die ihm erzählt werden soll: was kann sich dem Film weiter in den Weg stellen? Immer vom Publikum aus gesehen: Schwierigkeiten mit der Umsetzung der Fabel, Verständnisschwierigkeiten also – und die können zunächst einmal eintreten als Schwierigkeiten generell im Umgang mit Filmsprache, mit filmspezifischer Syntax und/oder als Schwierigkeiten bei der Dekodierung bestimmter narrativer Verfahrensweisen.

In beiden Fällen springt wieder die Musik ein – wie, wird zu zeigen sein; vorweg sei hier nur schon gesagt : indem sie einspringt, spielt sie selbstredend auch ihre emotionalisierende Wirkung, ihre persuasive Funktion mit aus und flüstert oder dröhnt dem ratlosen Betrachter/Hörer zu, er möge Vertrauen haben, im Nu werde auch er den Faden wieder finden.

Daß syntaktische Probleme in unseren Breiten heute keine übertrieben große Rolle mehr spielen, ist klar – gleichwohl lohnt es sich, darüber zu sprechen und aus gegebenem Anlaß in die Historie zurückzusteigen; warum? Weil, was im frühen Stummfilm geschah, Praxis und Theorie der Filmmusik auf Jahrzehnte hinaus beeinflußt, wenn nicht wesentlich geprägt hat.

Ein kleiner Spielfilm befand sich schon unter den Filmen, die die Brüder Lumière im Dezember 1895 in Paris erstmals vorführten: *L'arroseur arrosé*[6]; die Posse vom Gärtner, der den Rasen begießt – kommt ein böser Bub, tritt hinter des Gärtners Rücken auf den Schlauch, der Wasserstrahl versiegt, der Gärtner will wissen, was los ist, guckt ins Wendrohr, der Bub nimmt seinen Fuß weg, und der Strahl schießt dem Gärtner ins Gesicht. Diese Geschichte besteht aus einer einzigen Szene, und die Szene ist mit starrer Kamera in einer einzigen Einstellung festgehalten – verständlich für jeden, weil eine simple Begebenheit so schildernd, wie sie sich dem Zuschauer dargeboten hätte, wäre er ihr draußen in Gottes einstmals freier Natur begegnet.

Wenige Jahre später erzählte Georges Méliès[7] ebenfalls in Paris bereits wesentlich längere und aufwendigere Geschichten: ganze Romane, deren Handlung er bei Jules Verne

4 Klaus-Ernst Behne, *Überlegungen zu einer kognitiven Theorie der Filmmusik*, in: *Gestus und Konzeption – Aufsätze zur Musikpsychologie*, i.V.

5 *Masques*, R: Claude Chabrol, M: Matthieu Chabrol, M.K.2/Films Antenne 2 1987

6 *L'Arroseur arrosé*, Louis Lumière 1895

7 Bekanntere frühe Beispiele aus der auf die Zeit von 1896 bis 1913 begrenzten Produktion von Georges Méliès (1861-1938) sind etwa *L'Affaire Dreyfus* (1899) oder *Le Voyage dans la lune* (1902).

bezog oder aktuellen Geschehnissen nachbildete. Er erzählte sie, indem er sie aufbrach in bis zu 30 kleine Szenen, jede einzelne Szene seinerseits aus der Perspektive des Zuschauers mit starrer Kamera in einer einzigen Einstellung aufzeichnete, und die Szenen aneinanderreihte. Zwischen den Szenen mochten nun freilich Ort der Handlung und Zeit der Handlung springen; das aber gab dem Publikum kaum Rätsel auf, weil diese Erzählweise vom Theater her vertraut war – und es sei hier nachdrücklich daran erinnert, wie wichtig das Theater um die Jahrhundertwende war, im Vergleich etwa zu heute; es gab Theater auf allen Niveaus und für jeden Geschmack; Weltliteratur wurde in den USA vorab von Wanderbühnen verbreitet, in populär dramatisierter Form: Buch und Lektüre erlangten dort erst später Bedeutung.

Den entscheidenden Schritt weg vom Theater vollzog dann kurz nach 1900 der amerikanische Kameramann Edwin S. Porter[8], indem er nun auch die Szenen fragmentierte, sie auflöste in wechselnde Einstellungen, das heißt: sie aus unterschiedlichen Blickwinkeln zeigte und im selben Zug verkürzte, kondensierte. Porter war übrigens nicht der einzige, der in dieser Richtung vorprellte, möglicherweise noch nicht mal der erste; die Archäologen unter den Filmhistorikern lehren uns, daß ähnliches sich auch in den Filmmanufakturen Europas begab. Für uns ungleich wichtiger als die Frage nach den Prioritäten ist die Feststellung, daß derartige Versuche mit Beginn der Industrialisierung und Internationalisierung des Filmwesens, also gegen 1910, gebündelt wurden und damit ihre eigene Dynamik zu entwickeln begannen, so daß die Technik der Montage, denn sie steht hier zur Debatte, in kürzester Zeit geradezu unglaubliche Fortschritte machte – tatsächlich liegen Welten zwischen einem durchschnittlichen amerikanischen Film von sagen wir 1907/1908[9] und Griffiths *Birth of a Nation* von 1914/1915[10].

Was so entstand, war nun von Grund auf neu, hatte Entsprechungen weder in anderen Medien noch in anderen Sparten von Spektakel: eine eigene Sprache, Filmsprache, mit eigenem Vokabular und spezifischer Syntax – und das zu einer Zeit, in der das Kinopublikum noch aus sozialen Schichten stammte, die weder besonders innovationsfreudig noch auch nur lernbegierig waren. Dieses Publikum, daran gewöhnt, anhand von überschaubaren und klar voneinander abgetrennten szenischen Einheiten seine Geschichten dargeboten zu bekommen, sah sich jetzt mit einem Mal einer Flut von Bildern ausgeliefert, in die es selber Ordnung bringen mußte. Mag sein, daß ich die Situation ein bißchen überzeichne: vertrackt, und für die noch junge Industrie nicht ungefährlich, war sie ganz gewiß. Es dürfte deshalb kaum ein Zufall gewesen sein, daß die musikalische Begleitpraxis, deren Kodifizierung seitens der Industrie eben damals mit der Veröffentlichung der ersten cue sheets einsetzte[11], dem Publikum zu Hilfe kam. Sie übernahm die Aufgabe, die Bilderflut zu gliedern, die Einzelbilder zusammenzufassen zu Szenen, den Szenen, aus denen sie hervorgegangen waren; sie löste diese Aufgabe, indem sie jeder Szene ein Musikstück zuwies, das nach Dauer und Charakter der Szene entsprach, solcherart szenische Einheiten als musikalische Einheiten wieder kenntlich machend, und Szenenwechsel als Musikwechsel.

8 Edwin S. Porter (1870-1941) drehte und realisierte für die Edison Co. zwischen 1900 und 1914 u.a. den ersten »großen« Western der Filmgeschichte, *The Great Train Robbery* (1903). In unserem Zusammenhang wichtiger: *The Life of an American Fireman* (1902)

9 Ein Beispiel unter vielen: *Rescued from an Eagle's Nest*, R: Edwin S. Porter, Edison Co. 1907

10 *The Birth of a Nation*, R: David Wark Griffith, M: Joseph Carl Breil (Kompilat/Komposition), Epoch 1915

11 »Music Cues« für Produktionen der Edison Co. erschienen ab 15. September 1909 in der Werbezeitschrift *Edison Kinetogram*.

Ich möchte keine Mißverständnisse aufkommen lassen: Ich habe am eben beschriebenen film-musikalischen, stummfilm-musikalischen Zuordnungsmuster, für das die Theorie den Begriff »Illustration« gefunden hat, einseitig die syntaktische Funktion hervorgehoben; das heißt nicht, daß ich die affektive Wirkung illustrativ gesetzter Musik übersehen oder gar leugnen würde. Affektive Wirkung, die, so wird allgemein angenommen, in der Vertiefung und Intensivierung der zugehörigen Film-Szenen besteht und ihren Grund darin hat, daß deren Charakter eben von der Musik mit ihren Mitteln nachgezeichnet wird.

Im Augenblick freilich interessiert mich etwas anderes. Ich deutete bereits an, das Zuordnungsmuster, das damals festgeschrieben wurde, habe die Ära des Stummfilms überlebt und Theorie wie Praxis der Filmmusik noch auf Jahrzehnte hinaus bestimmt. Um bei der Praxis zu bleiben: es war in der Tat durchaus nicht so, daß mit dem Durchbruch des Tonfilms die Rolle der Filmmusik generell neu überdacht worden wäre. Ansätze zu einer Neuorientierung hat es zweifellos gegeben, in Europa vor allem – bei Hanns Eisler, im Tonfilm-Manifest von Eisenstein/Pudowkin/Alexandrow, phasenweise wohl auch im poetischen Realismus der Franzosen. Die amerikanische Filmindustrie indessen, deren Führungsanspruch wirtschaftliche Strukturen und technologischer Vorsprung gleicherweise legitimierten, nahm von solchen Ansätzen keine Notiz; sie versprach sich Erfolg von dem, was sich bis dahin bewährt hatte, und hielt am Prinzip der Illustration fest, paßte es allenfalls den technischen Möglichkeiten an, die der Tonfilm gebracht hatte[12].

Der Anfang des Films *Casablanca*[13], der 1942 herauskam, zu einer Zeit, da längst eine im wesentlichen bürgerliche Klientel das Publikum von ehedem abgelöst hatte und die Grundzüge der Filmsprache jedem Kinobesucher geläufig waren, zeigt nach dem vorhin erläuterten Muster eine Segmentierung der rund fünf Minuten Musik entsprechend der Segmentierung der Vorgänge auf der Bild-Ebene: egal, ob man sechs oder sieben Episoden unterscheiden mag, jeder Episode ist eine Musik unterlegt, deren Dauer mit der Dauer der Episode übereinstimmt und die sich nach Material, Gestus, Klanglichkeit und/oder Pegel deutlich von den umliegenden Musiken abhebt.

Auf zwei Stellen in diesem Anfang sei hier besonders hingewiesen: die Durchsage aus dem Polizeibüro zunächst, und dann die Episode mit den beiden Touristen und dem Taschendieb. Die Durchsage aus dem Polizeibüro wird eingeleitet mit dem umharmonisierten Anfang des Deutschlandliedes und mündet in einen langen Paukenwirbel, der die Nachricht von der Ermordung der deutschen Kuriere grundiert. Zur Episode mit dem Taschendieb erklingt Musik, die so tief gepegelt ist, daß sie als gestalthafte kaum wahrgenommen werden kann – nur wenn wir besonders darauf achten, ahnen wir mehr als daß wir's hören: sie löst sich aus der Mollvariante der *Marseillaise*, mit der die vorangegangene Episode schloß.

Weder der Paukenwirbel noch das musikalische Schattenspiel um die *Marseillaise* lassen sich inhaltlich unmittelbar rechtfertigen; das heißt: der Komponist Max Steiner hätte auf sie verzichten können, ohne die Aussagekraft der betreffenden Szenen zu beeinträchtigen. Wenn er das nicht tat, wenn er auf Musik beharrte, freilich diese Musik satztechnisch bzw. dynamisch zurücknahm, soweit es ihm möglich war, so, weil er es offenbar für notwendig hielt, ein Gegengewicht zu schaffen zu der reichlich disparaten Darstellung der weltpolitischen Lage, die der *Casablanca*-Fabel als Hintergrund dient; anders gesagt: es ging ihm darum,

12 Siehe die auf Sekundenbruchteile den visuellen Vorgängen angepaßte musikalische Bewegungsführung im »Mickey-mousing« vor allem bei Max Steiner.

13 *Casablanca*, R: Michael Curtiz, M: Max Steiner, Warner Brothers 1942

die auffällige Gebrochenheit der Narration dadurch zu entschärfen, daß er der Bildfolge eine ununterbrochen durchlaufende Musik zuordnet. Nebenbei bemerkt: Der Komponist Ennio Morricone, in dessen Beisein ich voriges Jahr einmal den Ausschnitt vorführte, hielt Steiners Entscheidung für unbedingt richtig, weil notwendig, kritisierte jedoch die aus der Stummfilmästhetik eingeschleppte Segmentierung der Musik parallel zur Segmentierung der Narration: das, meinte er, würde man heute anders lösen, man würde flächiger arbeiten, Kontraste nur andeuten und nicht ausführen, um eben dadurch die vereinheitlichende Wirkung des Tonsatzes zu steigern.

Dem läßt sich zweierlei entnehmen:

- bezogen auf den Gegenstand unserer Überlegungen, daß die syntaktische Funktion von Filmmusik auch in neuerer Zeit keineswegs ganz bedeutungslos geworden ist;
- bezogen auf die Methodik filmmusikalischer Funktionsanalyse, daß es nicht ausreicht, sich auf die Frage zu konzentrieren, welche Musik zu welchen Bildern »passe«, oder »nicht passe«, oder was auch immer zu bewirken vermöge; daß es nicht genügt, in vertikalen Schnitten zu denken; daß es Funktionen gibt, die uns erst einsichtig werden, wenn wir die Horizontale mit berücksichtigen, wenn wir nicht aus den Augen verlieren, was in der Musik, mit der Musik und durch die Musik über den Verlauf eines ganzen Films hinweg geschieht.

Um diesen Faden gleich noch etwas weiter zu spinnen: Ich bin ja, als Regisseur, im Tonfilm prinzipiell nicht verpflichtet, Musik hinzuzuziehen. Es ginge durchaus auch ohne. Habe ich mich aber einmal dazu entschlossen, habe ich, außerhalb der Titelei, zu irgendeiner Szene aus vermutlich inhaltlichen Gründen Musik hinzugegeben, dann habe ich nicht nur diese Szene ausgezeichnet, sondern ich habe auch, ganz abstrakt argumentiert, ein für meinen Film neues formales Element eingeführt. Die Einführung eines neuen formalen Elementes aber hat formale Konsequenzen. Ich kann dieses Element nun nicht einfach fallenlassen; ich muß mit ihm weiterarbeiten. Und wie ich mit ihm weiterarbeite, wie und wo ich, nun wieder konkret, weiter Musik einsetze, das hängt jetzt nicht mehr nur davon ab, welche Szenen meines Films ich auch noch auszeichnen möchte, aus wiederum vermutlich inhaltlichen Gründen: ebensosehr muß ich bedenken, daß die musikalischen Einlassungen als solche zu einem eigenwertigen formalen Strang zusammentreten, einer Repetitionsstruktur insofern, als das immer gleiche formale Element »Musik zum Bild« sie konstituiert, das heißt: daß die Verteilung dieser Einlassungen nach und nach einen Rhythmus ausprägt, der ebenso nach und nach seine eigenen Ansprüche zu stellen beginnt – mich also zwingen kann, auf Musik auch mal zurückzugreifen, wo's aus inhaltlichen Gründen gar nicht nötig wäre. Womit, so meine ich, die Fragwürdigkeit eines analytischen Ansatzes, der sich auf die Durchdringung momentaner Konstellationen, eben: vertikaler Schnitte beschränkt, deutlich geworden sein dürfte.

Zurück aber zur syntaktischen Funktion von Filmmusik: Sie manifestiert sich heute gewiß nicht mehr im Versuch, die Grundzüge der Filmsprache dem Publikum mundgerecht zu machen. Indessen: Einheit in die Vielfalt zu bringen und zusammenzufassen, was auseinanderstrebt, sind nach wie vor Aufgaben, die immer wieder anfallen – über eine Sequenz hinweg, siehe den Anfang von *Casablanca* nebst den Anmerkungen von Morricone, oder sogar über einen ganzen Film hinweg, da wo dieser sich von gängigen narrativen Mustern dezidiert abkehrt und gleichwohl nicht nur bei Insidern und Avantgardisten Widerhall finden möchte. Daß in solchen Filmen die Frage, inwieweit die Musik ihrer Aufgabe gerecht wird, Einheit zu stiften, Zusammenhalt zu sichern, nicht zuletzt von der »immanenten« formalen Qualität des Musikstrangs abhängt, erweist sich (im Positiven) an so unterschiedlichen Werken wie *Citizen Kane* von Orson Welles[14] oder *The Conversation* von Francis Ford Coppola[15], und mit geradezu modellhafter Prägnanz an dem boshaft-ergötzlichen Verwirrspiel, das uns Hitchcock 1960 mit *Psycho*[16] beschert hat.

Zu den oben als Traktandum angekündigten Problemen bei der Dekodierung bestimmter narrativer Praktiken jetzt noch ein paar Worte; ich greife einen Aspekt auf, der mir in unserem Zusammenhang besonders wichtig erscheint: die Manipulation von Zeitabläufen.

Zeit-Manipulation als erzähltechnischer Trick kann sich in zwei Formen äußern:

- als Manipulation der Erzählzeit, als Heraustreten also aus dem linear-chronologischen Arrangement der Szenen oder Sequenzen;
- als Manipulation des Erzähltempos, oder allgemeiner des Tempos der Darstellung.

Manipulationen der Erzählzeit stellen sich zumeist dar als Sprünge aus der supponierten Gegenwart einer Fabel zurück in die Vergangenheit, aus der Geschichte in die Vorgeschichte, als Rückblenden demzufolge; seltener anzutreffen sind Sprünge nach vorn in die Zukunft, Antizipationen.

Manipulationen des Tempos der Darstellung dagegen sind denkbar dergestalt, daß der einmal etablierte Fluß einer Erzählung vorübergehend verlassen und eine vergleichsweise sehr große Zeitspanne, Monate, Jahre, vielleicht Jahrzehnte gleichsam im Sauseschritt, anhand einiger weniger Einstellungen oder Szenenfragmente überbrückt wird – wonach die Geschichte im alten Trott weiterlaufen darf. Tempo-Manipulationen können sich aber auch in einzelnen Einstellungen oder kurzen Abfolgen von Einstellungen ausprägen: dadurch, daß Vorgänge in Zeitraffer oder Zeitlupe präsentiert werden, künstlich beschleunigt oder künstlich verlangsamt.

Zeit-Manipulation war nun (neben der Manipulation des Raumes) schon dem Prinzip der Montage inhärent, insofern, als in der Montage Szenen kondensiert werden, verkürzt auf jene Elemente, die den Charakter der Szene paradigmatisch erfassen und/oder für den Fortgang der Handlung von Bedeutung sind. Die Technik der Montage aber, und mit ihr die besondere Form von Zeit-Manipulation, die sie beinhaltet, wurde zuhanden des frühen Kinopublikums mit Hilfe von Musik konsumabel gemacht. Es verhält sich, ich nahm das bereits voraus, mit den Manipulationen der Erzählzeit und des Erzähltempos nicht anders.

Um nur die beiden wichtigsten Fälle zu nennen:

Einstellungsfolgen, die – im Sauseschritt – größere Zeiträume überbrücken, man könnte sie mit Modulationen vergleichen, sind nichts anderes als Binnen-Montagen, Montagen im montierten Film, und werden im amerikanischen Tonfilm der Studio-Ära behandelt, wie im Stummfilm Montagen behandelt wurden: gekoppelt mit einem Musikstück, das dem Stakkato der Bilder seinen eigenen kontinuierlichen Fluß entgegensetzt, also zusammenfaßt, vereinheitlicht.

Wechsel der Zeitebenen dagegen, man könnte sie mit Rückungen vergleichen, setzen Einschnitte, die den unvorbereiteten Zuschauer möglicherweise verwirren. Dem wirkt im amerikanischen Tonfilm der Studio-Ära die Musik entgegen, indem sie ihn, den Zuschauer, in der supponierten Gegenwart der Filmerzählung abholt, gewissermaßen wie ein Kind bei der Hand nimmt, den großen Schritt hinunter in die Vergangenheit oder hinauf in

14 *Citizen Kane*, R: Orson Welles, M: Bernard Herrmann, Mercury/RKO 1941

15 *The Conversation*, R: Francis Ford Coppola, M: David Shire, The Directors Company/Paramount 1974

16 *Psycho*, R: Alfred Hitchcock, M: Bernard Herrmann, Paramount 1960

die Zukunft mit ihm vollzieht, wartet, bis er sich in der neuen Umgebung wieder zurechtgefunden hat und ihn dann erst freiläßt. Etwas nüchterner gesagt: die Musik trägt kraft ihrer eigenen Kontinuität den Zuschauer über den Wechsel der Zeitebenen hinweg. Wie sie das im einzelnen bewerkstelligt, läßt sich ebenfalls an einem Beispiel aus *Casablanca* ablesen, nämlich der Rückblende, die Ilsa und Rick in Paris zeigt.

Auch syntaktische Funktionen kann prinzipiell jegliche Musik übernehmen, gleichgültig, welches Idiom sie spricht. Daß sich allerdings wie im Falle der persuasiven Funktion Instrumentalmusik durch Geräuschkomposition vollgültig ersetzen ließe, halte ich für wenig wahrscheinlich. Mehrfach ist der Begriff Kontinuität gefallen. Kontinuität aber heißt jedenfalls in thematisch komponierter Musik mehr als nur permanente Präsenz von Klang: Ein Stück ist nicht nur über eine bestimmte Zeitspanne hinweg gegenwärtig, es setzt in diese Zeitspanne auch einen gerichteten, wenn man so will finalgezielten Prozeß; damit trägt es den Hörer vorwärts. Es trägt ihn umso dezidierter vorwärts, je besser sich der Prozeß vermittelt. Und der Prozeß vermittelt sich umso besser, je vertrauter das Material ist, dessen sich das Stück bedient. Was, beiläufig, mit ein Grund sein mag für die Persistenz tonaler Muster in der Filmmusik.

III.

Gesetzt, das Publikum sei eingestimmt auf die Geschichte, die ihm erzählt werden soll; gesetzt, es seien alle nötigen Vorkehrungen getroffen, daß es der Erzählung auch zu folgen vermag: noch ist nicht sicher, daß nun alles zum besten steht. Verständnisschwierigkeiten anderer Art können sich einem Film jetzt in den Weg stellen: Schwierigkeiten, den Inhalt der Erzählung zu begreifen, Schwierigkeiten, ihren Sinn zu fassen.

Daß zur Behebung solcher Schwierigkeiten erneut Musik aufgeboten wird, ist keine bewegende Erkenntnis, sondern kleine Münze – davon handelt die filmmusikalische Sekundärliteratur, seit es welche gibt, und geht dabei einer Fülle von Fragen nach:

- Wie kann Musik ausbessern, was bei der Inszenierung verfehlt wurde und nun möglicherweise die Rezeption stört? Wie kann Musik Passagen beschleunigen oder verlangsamen, ihnen mehr Gewicht geben oder sie entlasten, oder auch nur durch ihre pure Präsenz Szenen, die unterzugehen drohen, auszeichnen, indem sie unsere Gefühle für sie mobilisiert?
- Wie kann Musik evozieren, was Bilder von Haus aus nur schwer einzufangen vermögen: Temperaturen oder Gerüche von Schauplätzen, Gedanken und Gefühle der handelnden Personen?
- Wie kann Musik vertiefen, oder ergänzen, oder bewerten, was in den Bildern zu sehen ist? Wie kann sie Bilder und abgebildete Vorgänge in ein bestimmtes Licht rücken?
- Wie kann Musik sich gegen die Bilder behaupten und zur Sprache bringen, was aus den Bildern und abgebildeten Vorgängen nicht hervorgeht?
- Wie kann Musik räumliches, zeitliches, gesellschaftliches Umfeld einer Erzählung sinnlich greifbar machen? etc. pp.

Nichts gegen einen solchen Katalog. Bloß meine ich auch hier, daß es nicht ausreicht, der hermeneutischen Funktion von Filmmusik nachzuspüren, indem man Ausschnitte analysiert, daß vielmehr, was am Ausschnitt erkannt wurde, zumindest rückgekoppelt werden muß mit den Einsichten, die die Analyse jeweils des ganzen Films gebracht hat. Warum?

Auch eine Erzählung ist ja nichts Statisches, sondern ein Prozeß. Das aber heißt: Szene ist nicht gleich Szene. Nehmen wir an, ein Film beginne mit der Schilderung einer bestimmten Begebenheit und die nämliche Begebenheit wiederhole sich nach meinetwegen einer Stunde, werde sogar in gleicher Länge mit den gleichen filmtechnischen Mitteln zur Schau gestellt. Die beiden an sich identischen Begebenheiten dürften auf uns durchaus unterschiedlich wirken. Denn in der dazwischenliegenden Stunde hat sich unser Verhältnis zu den Protagonisten und Betroffenen verändert: wir wissen mehr über sie und beurteilen sie und ihre Taten anders.

Musikalische Einlassungen treten, wie wir sahen, zu einem in Grenzen eigengesetzlichen formalen Strang zusammen. Das aber heißt: Stück ist nicht notwendigerweise gleich Stück. Hat der Musikstrang eine gewisse Dichte, die nicht einmal sehr hoch zu sein braucht, dann können die den Strang konstituierenden Kompositionen aufeinander zu reagieren beginnen, je die spätere auf die vorangegangenen. An der späteren können Eigenarten deutlich werden, die als nebensächlich kaum bemerkt würden, wenn wir uns das Stück einzeln anhörten, jetzt aber in den Vordergrund rücken, weil sie in den vorangegangenen Stücken bereits vorhanden und dort wichtig waren. Was zur Folge haben kann, daß eine Musik, die zu Beginn eines Films erklang und nach meinetwegen einer Stunde wiederholt wird, nur schon als Musik in der Wiederholung ganz andere Aspekte nach außen kehrt.

Wenn aber Szene nicht gleich Szene ist und Stück nicht notwendigerweise gleich Stück, dann ist ganz gewiß auch Stück zu Szene nicht gleich Stück zu Szene. Und was fein säuberlich am vertikalen Schnitt herauspräpariert wurde, taugt wohl dazu, das hermeneutische Potential von Filmmusik zu exemplifizieren, nicht aber dazu, die hermeneutische Funktion von Filmmusik im konkreten Fall zu benennen.

Zum unguten Ende sei das eben Gesagte an einem Beispiel verdeutlicht, das außerdem zurück auf den Anfang meiner Ausführungen verweist: Filme, sagte ich da, entstünden nicht primär um der Kunst willen, und meinte damit unter anderem, daß Filmmusik ein Faktor sei in einem kommerziellen Kalkül, und daß dementsprechend mit ihr umgesprungen werde.

Sie alle kennen, so nehme ich an, *Citizen Kane*: den 1940/41 entstandenen Erstling von Orson Welles, der die (fiktive) Lebensgeschichte eines der reichsten und mächtigsten Männer der USA zeigt – in Vergegenwärtigungen der Vergangenheit, die streng genommen nicht als Rückblenden bezeichnet werden dürfen, weil sie zwar in die Vergangenheit führen, gleichzeitig aber der Standort des Erzählers und damit die Perspektive von Mal zu Mal wechselt. Eine dieser Vergegenwärtigungen ist dem Einstieg des jungen Charles Foster Kane ins Zeitungsgeschäft (und damit dem Beginn seiner Karriere) gewidmet. Im amerikanischen Original, in der italienischen und in der deutschen Synchronfassung sieht man dreimal dieselbe Szene, hört jedesmal eine andere Musik, und – dies mehr nebenbei – in allen drei Fällen wird die Musik im Nachspann dem Komponisten der amerikanischen Originalversion, Bernard Herrmann, zugeschrieben, obwohl er mit den Synchronversionen nicht das geringste zu tun hatte.

Wenn wir nun strikt von diesem Ausschnitt ausgehen, dann lassen sich wohl alle drei Musiken irgendwie rechtfertigen. Was da gezeigt wird, hat ja mindestens zwei Seiten. Der sportliche Elan, mit dem sich der junge Kane ins Geschäft stürzt, ist nicht zu trennen von der Brutalität, mit der er Carter, den schusseligen alten Herausgeber des *New York Inquirer*, überfährt. Dem trägt die Musik des amerikanischen Originals Rechnung, indem sie personalisiert: von den beiden Tanzsätzen ist der prägnant einsetzende erste, ein stilisierter Ragtime, abgesehen davon, daß er Ort und Zeit der Handlung festmacht, Kane zugeordnet und hat bei allem spielerischen Drive einen aggressiven Unterton; der zweite, eine altväterische Polka, die gegen Dialog und Geräusche nicht recht aufkommt, paraphrasiert die

Hilflosigkeit des Opfers. Der Galopp der deutschen Version erfaßt gleich dem Ragtime das Spielerisch-Sportliche, irgendwie nicht ganz Ernste, nicht ganz Seriöse an Kanes Einstieg ins Erwerbsleben, unterstreicht im übrigen aber die komischen Aspekte der Situation und macht sich alles in allem lustig über den armen Carter – das äußert sich ebenso darin, daß die Musik weiter hineingezogen ist in die Szene, damit die andachtsvolle Stille, die in der Redaktionsstube herrscht, ironisch kommentierend, wie im läppischen Klarinetten-Gelächter, mit dem unser Ausschnitt endet. Der Marsch dagegen, der in der italienischen Fassung die Szene einrahmt, betont vom Genre her, das militärische Assoziationen wachruft, das Gewalttätige; er denunziert Kanes Vorgehen als Aggression.

Alle drei Versionen, ich wiederhole, lassen sich am Ausschnitt selber rechtfertigen, erscheinen demgemäß funktionell beinahe gleichwertig – daß das Original besser komponiert ist, als was in den Synchronfassungen erklingt, braucht uns hier nicht zu scheren. Erst wenn man den ganzen Film analysiert, entdeckt man, was das Original funktionell den Synchronfassungen voraus hat; daß Ragtime und Polka gleich allen weiteren Tanznummern, die den unaufhaltsamen Aufstieg des Charles Foster Kane begleiten, sich aus Umformungen des »dies irae« ableiten[17] und damit sowohl kraft der Einheit des zugrundeliegenden musikalischen Materials syntaktisch wirkungsvoller sind, als auch, ein Akt fortgeschrittener Hermeneutik, hörbar machen, daß dem Aufstieg der Untergang, das Ende mit Schrecken, einbeschrieben ist.

17 Vgl. Hansjörg Pauli, *Bernard Herrmanns Musik zu Citizen Kane*, in: *Chigiana*, XLII/22 1990, S. 321-335

Lothar Prox

Konvergenzen von Minimal Music und Film

Als ich vor Monaten mit der Tagungsleiterin, Helga de la Motte, über mögliche Seminarthemen sprach, erörterten wir die legendären Musikfilme der amerikanischen Künstler der West Coast in der Nachfolge Oskar Fischingers. Auch wenn ich Ihre Aufmerksamkeit heute auf einen anderen Zusammenhang lenke, möchte ich doch zwei Beispiele der audiovisuellen Experimente aus Kalifornien – gelegentlich color music geheißen – zu Anfang und am Schluß dieser Ausführungen demonstrieren. Dabei werde ich mich keineswegs von meinem eigentlichen Vorhaben entfernen; denn die beiden Filme gehören in den Kontext einer minimal art – nicht im engeren Sinn dieses Terminus, der, wie Sie vielleicht wissen, dem Bereich der skulpturalen Gestaltung entstammt, aber durch ästhetische Verwandtschaft, denn auch sie benutzen und entfalten auf der Basis lapidar einfacher Grundstrukturen ein minimales Formenvokabular.

Verständigen wir uns zunächst über den Begriff »minimal music«. Er ist originär mit amerikanischen bzw. anglo-amerikanischen Künstlernamen verbunden wie La Monte Young, Terry Riley, Steve Reich, Phil Glass – alle Mitte der dreißiger Jahre geboren – oder Michael Nyman, John Adams, die zehn Jahre jünger sind. Läßt man alternative Begriffe wie »process music«, »trance music« oder Meditationsmusik gelten, so wären andere Protagonisten aufzuzählen, deren Vergleichbarkeit allerdings kaum noch gewährleistet ist (mit Blick auf Mitteleuropa: was hat Arvo Pärt wirklich mit Florian Fricke, dem Begründer der Gruppe »Popol Vuh«, gemeinsam, auch wenn beider Musik Meditationszwecken dienlich ist?). Halten wir uns an die erstgenannten Amerikaner, so bedeutet »minimal music« eine strikt kombinatorische Kunst, die mit Hilfe winziger klanglicher Details – Motive, Bausteine, kleinste Zellen – repetitive Muster (patterns) entwirft und diese im pulsierenden Gleichlauf langsamen Permutationen, mehr oder weniger subtilen klanglichen Veränderungen unterzieht. Vorherrschender Eindruck beim Hören: eine eher unpersönliche Kunst auf der Basis weniger einfacher Primärstrukturen, d.h. reduzierter instrumentaler Aufwand, harmonische Statik, permanente Wiederholung scheinbar gleichbleibenden melodischen Materials bei gleichförmiger Bewegung, was Assoziationen wie »Klangteppich« oder »Webmuster« hervorzurufen vermag.

Steve Reich hat die Rehabilitierung eines tonalen Zentrums und die Rückgewinnung einer rhythmisch pulsierenden kompositorischen Faktur als Positiva der minimal music bezeichnet. Phil Glass verwies ergänzend auf den undramatischen Charakter der musikalischen Verlaufsform (*its non-narrative style*), wodurch die herkömmliche konstitutive Doppelheit musikalischen Zeitempfindens um ihre psychologische Dominante gebracht wird, d.h. der Hörer ist auf den Prozeß des Hörens selbst verwiesen, konzentriert sich auf das reine Klangphänomen und erfährt musikalische Zeit nur mehr als physikalische, als permanent tönende Gegenwart. Diesen radikalen Bruch mit der europäischen Tradition (und Avantgarde) der Opus-Musik motivierte von Beginn an ein starker multikultureller Impuls. Mag die Kunst der amerikanischen Minimalisten mannigfaltig beeinflußt sein, entscheidend war offensichtlich das Vorbild asiatischer und afrikanischer Musizierweisen. Steve Reich studierte 1970 in Ghana afrikanische Perkussionskunst. Im gleichen Jahr unterrichtete in Indien Pandit Pran Nath die beiden Freunde Terry Riley und La Monte Young im klassischen Ragā-Gesang; ein Studium der indonesischen Musik schloß sich an.

Steve Reich wiederum weilte 1973/74 auf Bali und erforschte die dortige Gamelān-Musik. Bereits Mitte der sechziger Jahre hatte Phil Glass in Paris mit Ravi Shankar und seinem Tablā-Spieler Allah Rakha zusammengearbeitet. 1966 und 1967 hielt er sich dann in Indien, Indonesien und Afrika auf. Fundierte Kenntnis der bedeutenden nicht-westlichen Musikkulturen bildete also einen Grundstein für die ästhetische Formung der amerikanischen Minimalisten und für die typische Ausprägung ihres Stils.

An dieser Stelle ist es angebracht, Larry Cuba's Film *Two Space* von 1979 vorzuführen. Er dauert sieben Minuten und präsentiert auf der Tonspur Gamelān-Musik. Der kalifornische Künstler schuf auf der visuellen Ebene ein kongeniales Wechselspiel ornamentaler Formen fernöstlichen Charakters, wobei die Textur in Schwarz-Weiß dem Beobachter höchst subtile Entscheidungen abzwingt, mal die Positiv-, mal die Negativform wahrzunehmen – insgesamt ein überzeugendes Beispiel für die fortwirkende Anziehungskraft Asiens auf die Künstler der West Coast.

[Vorführung: *Two space*, Larry Cuba, USA 1979]

Die Erfahrung dieses kurzen Films sowie die vorhergehende Erläuterung der ästhetischen Konstituenten von minimal music berechtigen zu der Frage, wie sich überhaupt Film und minimal music zu gemeinsamer Wirkung verbünden können. Gezielter gefragt: Kann die Kunst eines Terry Riley, Phil Glass oder John Adams sinnvolle Funktionen übernehmen, wenn sie einen narrativen Verlauf, also nicht nur ornamenale Konfigurationen auf der Leinwand begleiten soll? Alle bisherige Spielfilmmusik, egal wie unterschiedlich sie auftritt, erfüllte ihren Zweck in der persönlichen Stellungnahme des Komponisten zum Bildgeschehen – sei es als Illustration oder psychologische Ausdeutung der dramatischen Beziehungen, als atmosphärisches Untermalen oder feuriges Aufspielen zum Tanz (sogenannte On-Musik), sei es als emotionaler Widerspruch, als kontrapunktisches Statement zur dargestellten Realität oder filmischen Aktion. Stets orientierte sich der künstlerische Beitrag des Musikers am Erzählstrang der Fabel und erfüllte sich in ihrer Sinnsteigerung. Was aber soll die eher unpersönliche, unpsychologische, gleichförmig und quasi mechanisch abspulende Kunst der Minimalisten zum Kinoerlebnis beitragen? Die Antwort könnte lauten: Sie entfaltet ihre spezifischen Möglichkeiten erst in einem veränderten ästhetischen Kontext der Kinematographie. Ein solcher aber scheint sich in der jüngeren Filmgeschichte anzudeuten.

Ich verweise auf zwei Beispiele, deren populärer Rang Rückschlüsse auf die Wirksamkeit einer neuen Audiovisualität zuläßt: auf die amerikanische Produktion *Koyaanisqatsi* (1981) mit der Musik von Phil Glass und – später zu erörtern – auf den englischen Film *The Draughtsman's contract* (Der Kontrakt des Zeichners) von 1982 mit Michael Nyman als Komponisten.

Im ersten Fall handelt es sich um eine Montagearbeit von ungewöhnlicher formaler Konstruktion: eine abendfüllende experimentelle Abhandlung über das verlorene Gleichgewicht von Natur und Kultur im Zeitalter der Überbevölkerung, über die Schädigungen urbaner Zivilisation, über die signifikante Gleichförmigkeit unserer städtischen Lebensformen. Der Regisseur Godfrey Reggio enthüllt durch extreme Zeitlupen- und Zeitrafferaufnahmen die ameisenhafte Existenz des Menschen in der Massengesellschaft. Tatsächlich entdecken wir im veränderten Zeitmaß der Wahrnehmung – mit Schrecken – die tyrannische Macht der kollektiven Strukturen, in die wir eingebunden sind. Das Auge der Kamera fungiert wie der Blick eines außerplanetarischen Besuchers aus dem All, der – ausgestattet mit einer abweichenden Apperzeption – die raum-zeitlichen Bezüge dieser Welt objektiv erfaßt.

[Vorführung: *Koyaanisqatsi*, Sequenz *The Grid*]

Der gezeigte Ausschnitt ist der Beginn einer Montagesequenz im Zentrum des Films, die sich über 17 Minuten erstreckt und die Aufnahmebereitschaft des Zuschauers äußerst strapaziert. Bei zunehmend hektischem Schnittempo ist die Bilderflut für sich nicht mehr kontrollierbar. Zweifellos liegt die Funktion und Bedeutung der Begleitmusik in der Strukturierung und sensuellen Potenzierung der Wahrnehmungsakte. Phil Glass nannte die Komposition für diesen Abschnitt *The Grid*, was Gitter, Rost, vielleicht auch Raster bedeutet. Im additiven Verfahren schichtet er aus repetitiven Klangformen suggestive Musikblöcke, die der *apokalyptischen Filmorgie* (*Frankfurter Rundschau*, Mai 1985) eine Ordnung auferlegen, sie überhaupt rezipierbar machen. Wie Sie feststellen konnten, hat der Regisseur seinerseits bei der Montage die periodischen Umschaltungen von quasi gestauten Sextolen- in entfesselte Sechzehntel-Bewegungen time code-mäßig genutzt. Es ist also der Rhythmus, die strikt periodische Organisation des Materials, die Bild und Ton zu einer verblüffenden Gesamtwirkung steigern.

Reggio und Glass waren übereingekommen, ihr Werk *Koyaanisqatsi* mit einem Untertitel zu versehen: *Konzert für Film und Orchester*. Die ungewöhnliche Benennung läßt mehrere Schlüsse zu. Einmal verweist der Oberbegriff »Konzert« auf die ästhetische Annäherung des Regisseurs an die Gestaltungsprinzipien der Musik, von daher die Vorherrschaft der Form über die Inhalte. Filmbestimmend ist der Rhythmus, und wie in der Musik erschließt sich die ambivalente oder mehrdeutige Botschaft von *Koyaanisqatsi* – schon der Titel, aus der Indianersprache der Hopi stammend, läßt verschiedene Deutungen zu – weniger aus dem sichtbaren Gehalt als aus grundlegenden Strukturen, welche die »tönend bewegten Formen« erst generieren und sie mit Sinn anreichern. Zum anderen konzertieren Film und Orchester im Bewußtsein ihrer autonomen Möglichkeiten. Phil Glass operiert nicht funktional wie die Kollegen in Hollywood, sondern entfaltet seine Klangvorstellungen in vollkommener Selbsttreue – fast möchte man sagen: unbeschadet vom Film – nach den immanenten Gesetzen seiner Kunst. Aber trotz der Distanz seiner Musik von jeder Art Interpretation oder Ausdeutung der Filminhalte beeinflußt sie den Zuschauer, zielt auf sein Sensorium, lanciert psychoakustische Nebenprodukte (was Steve Reich einmal als typische Wirkung der minimal music erwähnt hat), stimuliert das Sehen. Solche Ausnutzung der originären Möglichkeiten, die hier in beiden Medien, Ton und Bild, erfolgt, verleiht dem Filmerlebnis seine narkotisierenden, fast peinigenden Reize, bildet einen Sog, dem man sich nicht entziehen kann, macht süchtig wie *eine Droge, die den Zuschauer fesseln und in einen Zustand ekstatischer Trance entführen will* (*Frankfurter Rundschau*). Begreiflich, daß *Koyaanisqatsi* für die junge Generation zu den Kultfilmen der achtziger Jahre gehörte, was den Regisseur und Komponisten beeinflußt haben mochte, fünf Jahre später mit *Powaqqatsi* eine Neuauflage zu versuchen.

[Vorführung: *Powaqqatsi*, USA 1986, Einleitungssequenz]

Ich komme auf meine Behauptung zurück: minimal music und Film begegnen sich heute im Schnittpunkt eines veränderten ästhetischen Kontextes. Es ist bekannt, daß neue Dramaturgien, kreative Techniken, kurz künstlerische Innovationen häufig aus der Auseinandersetzung mit wiederentdeckten historischen Modellen resultieren. Unter den aktuellen Tendenzen des Filmschaffens ist eine Renaissance der Stummfilmästhetik unverkennbar. In diesem Zusammenhang meine ich nicht so sehr die wiederbelebte Tradition, Klassiker des stummen Genres mit Live-Musik aufzuführen (wovon der diesjährige Kongreß ja einige repräsentative Kostproben bietet), sondern grundsätzlich die schöpferische Neubesinnung auf das exklusive Verhältnis von Kinematographie und

Tonkunst, wie es die Tonfilme *Koyaanisqatsi* oder *Powaqqatsi* beweisen. Diese Bewegung, die wir seit den achtziger Jahren beobachten, hat außer Reggios Beiträgen international beachtete Kinowerke hervorgebracht, wie Ettore Scolas Tanzfilm *Le Bal* (1983), das amerikanische Schwarzenmelodram *Sidewalk Stories* (1989) oder – jüngstens auf der Berlinale präsentiert – den russischen Spielfilm *Barabamiada* (Trommelwirbel, 1992). Eine wachsende Zahl neuerer Dokumentarfilme zeigt sich ebenfalls dieser Richtung verbunden.

Fragen wir nach den Gründen solcher Renaissance – noch vor 15 Jahren hätte man von einem Rückfall in die Steinzeit der Kinematographie gesprochen –, so sähe ich als Erklärung ein Kompensationsbedürfnis, nämlich den merkbaren Verlust einer musikalisch geprägten Filmkunst – Kehrseite einer neuen Vorherrschaft des Sounddesigns – wieder ausgleichen zu wollen (solche Kompensationstendenzen sind in den elektronischen Medien – Stichwort Videoclip – noch viel offensichtlicher). Der internationale Kommerzfilm operiert nicht mehr mit drei voneinander unabhängigen Tonplänen (was der Musik jahrzehntelang eine künstlerische Chance gesichert hat), sondern organisiert integrierte Tonpartituren. Die akustische Sphäre als Ganzes – Sprache, Geräusch, Musik – durchdringt und belebt die filmische Aktion, vitalisiert in gekonnter Mischung den hochgetriebenen Realismus heutiger Kinogeschichten. Die Musik auf der Tonspur unterlag dabei einem Destruktionsprozeß, der kaum noch zuläßt, von Filmmusik im herkömmlichen Sinne zu sprechen.

Hingegen sichern solche Produktionen, die der Stummfilmästhetik verpflichtet sind, dem Komponisten wieder einen schöpferischen Status. Allein neben dem Regisseur gestaltet er über die volle Dauer des Films – mag seine Methode alt oder neu sein – komplexe und ausgedehnte Formen. Die einschlägigen Beiträge der Minimalisten verdienen dabei besondere Aufmerksamkeit, da sie an die avancierteste Position früherer Stummfilmmusik anknüpfen: nicht von ungefähr wurde Glass' Komposition für *Koyaanisqatsi* mit Eric Saties singulärer »Cinéma«-Musik, seiner Partitur für den René Clair-Film *Entr'acte* von 1924, verglichen. Und nicht von ungefähr gilt Satie als Vorläufer der minimal music. Und wenn man bedenkt, daß John Cage zeit seines Lebens den französischen Musiker verehrt und seine Kunst propagiert hat, andererseits selber von den amerikanischen Minimalisten als Lehrmeister anerkannt wurde, so schließt sich der Kreis der ästhetischen Wechselbeziehungen und Affinitäten.

Auch wenn das Werk hinlänglich bekannt sein mag, möchte ich nicht versäumen, einen kurzen Ausschnitt aus *Entr'acte* vorzuführen, und zwar die späte Verfolgungssequenz: ein Leichenwagen macht sich selbständig und veranlaßt sein Gefolge zu einer furiosen Hetzjagd. Sind die Bilder zunächst noch kontrollierbar, verlieren sie schon bald ihre logische Evidenz. Die Bewegungsrichtung wechselt willkürlich, die Inhalte büßen ihre Wahrscheinlichkeit ein und werden zusehends abstrakter; in einer exzessiven »montage rapide« verlieren sie gegen Schluß sogar ihre Konturen. Ähnlich wie in *Koyaanisqatsi* strukturiert die Musik die filmische Turbulenz, legt ihr einen hörbaren Raster auf. Ein pulsierender Rhythmus erfüllt die monoton repetierten Taktzellen, deren Organisation in achttaktigen Perioden dem bekannten »Baukastenprinzip« Eric Saties Rechnung trägt.
[Vorführung: *Entr'acte*, Verfolgungssequenz]

John Cage erkannte in *Entr'acte* das ideale Modell einer Filmmusik, da Ton und Bild eine absolut gleichberechtigte Partnerschaft wahren, ohne sich im Ausdruck zu vermischen. Soll man sich darüber wundern, daß dieses Vorbild jahrzehntelang keine Nachfolge gefunden hat? Es gehört einer Epoche an, in der sich der Film als künstlerisches Medium noch nicht ausreichend qualifiziert sah. Gerade darum konnte die ältere, hoch respektierte Zeitkunst Musik ein wichtiges Alibi stiften. Ihre Dienste als Ausdruckskunst erwiesen sich vor allem in der Stummfilmära als rhetorisch wichtig. Hingegen funktionierte Saties kurios unpersönliche Cinéma-Musik nur als dadaistisch-ephemerer Spaß. Im Zuge der aktuellen Wiederaufbereitung des Stummfilmerbes erweist sich ihr Vorbildcharakter aber als attraktiv. Besucher und Gäste dieses Kongresses haben die Gelegenheit, Peter Michael Hamels Beitrag zum russischen Filmklassiker *SWD – Der Bund der großen Tat* (1927) kennenzulernen. Der Komponist benutzte minimalistische Techniken, ohne indes auf einen gewissen dramatischen Gestus zu verzichten. Sein Konzept enthält sich des Kommentars, bewahrt objektivierende Distanz zu den historischen Ereignissen des Dekabristen-Aufstands, nicht zuletzt zum erzählerischen Pathos der sowjetischen Regisseure (Kosinzew und Trauberg). Aber Hamel ordnet und steigert die Geschichte durch Tempoverläufe (durchstrukturierte Zeitflächen) und formale Ausdeutung (etwa der Eisbahnsequenz mit ihren Motiven des Kreisens bzw. der Einkreisung oder des äußeren Höhepunkts der Konfrontation zweier Truppenteile, die sich feindlich gegenüberstehen, reflektiert in der blockartigen Anlage der Musik).

Minimalistisch operierte auch Alfred Schnittke, der 1992 im Auftrag des ZDF eine Begleitmusik für Pudowkins Revolutionsfilm *Das Ende von St. Petersburg* (1927) schrieb. Bei der Uraufführung in der Frankfurter Alten Oper verblüffte er das Publikum durch eine Art Totalverweigerung gegenüber den Inhalten des Films und durch die ausgedünnte Faktur seiner Orchestermusik. Den nachfolgenden dreiminütigen Ausschnitt, den ich vorführe, notierte Schnittke in nur zwei formelhaften Takten. Die ganze Partitur für den abendfüllenden Film umfaßt 17 Seiten, womit der Komponist Eric Satie an Schlichtheit und Ökonomie bei weitem übertraf.

[Vorführung: *Das Ende von St. Petersburg*, Sequenz *Sturm auf das Winterpalais*]

Um meine Hinweise auf die neuen Möglichkeiten, welche die historischen und aktuellen Produktionen des Stummfilmgenres dem Komponisten heute eröffnen, abzurunden, demonstriere ich noch eine Sequenz aus dem komplex erzählten Film *Das Kabinett des Dr. Ramirez* (1991) von Peter Sellars – ein verschlüsseltes Remake des expressionistischen Klassikers *Das Cabinet des Dr. Caligari* (Deutschland 1920). Die kaum zu entwirrende Handlung spielt im Großstadtdschungel einer amerikanischen Metropole. Der Beitrag des Komponisten John Adams gilt dabei weniger den Protagonisten oder dem Sinngefüge des Films als den Zuschauern und ihren Wahrnehmungsakten, d.h. die minimalistisch organisierten Klangstrukturen wirken durch den vibrierenden Fluß ihrer Zeitmaße direkt aufs Sensorium, erzeugen eine trance-ähnliche Aufnahmebereitschaft, die dem traumatischen Geschehen möglicherweise luzider folgt, als es die rationale Anstrengung funktional intendierten Hörens vermöchte (bei seiner europäischen Erstaufführung in Cannes 1992 geriet der Film dennoch zum »Flop«). Immerhin verweist uns dieses neue arbeitsteilige Verhältnis der rezeptiven Akte auf eine veränderte ästhetische Konstellation der Kinematographie.

[Vorführung: *Das Kabinett des Dr. Ramirez*, Sequenz *Nach dem 2. Mord*]

Weniger geklärt erscheint mir der dramaturgische Status der minimal music unter den typischen Soundtrack-Bedingungen des Tonfilms, bei denen die einschränkende Partnerschaft mit den Gestaltungsfaktoren Sprache und Geräusch dem extensiven Bestreben der Musik entgegensteht. Ich komme in diesem Zusammenhang auf den eingangs erwähnten Schlüsselfilm *Der Kontrakt des Zeichners* (1982) zu sprechen. Peter Greenaway, der Regisseur, erlangte mit seinem Werk internationale Reputation, wovon nicht zuletzt auch sein Komponist profitierte. Michael Nyman, den amerikanischen Minimalisten nahestehend – er musizierte mit ihnen und veröffentlichte 1974 ein Buch über die theoretischen Grundlagen ihrer Kunst –, hat inzwischen mehr als 15 Filme mit Greenaway erarbeitet. Sie entsprechen nicht dem herkömmlichen Erzählkino, sind eher intellektuell facettenreiche Abhandlungen über Erotik, Schönheit,Tod. Greenaway liebt das kombinatorische Spiel mit zeichenhaft aufgeladenen Materialien, konstruiert Rahmenhandlungen und Binnenerzählungen, bevorzugt spekulative Dramaturgien paralleler Zeiten und Ordnungen. Im *Kontrakt des Zeichners* tritt seine manieristische Kunst erst andeutungsweise hervor: Wir erleben eine historische Begebenheit – sie spielt im England des ausgehenden 17. Jahrhunderts – mit kriminalistischer Note. Aber die Inszenierung von Bildern (den Zeichnungen des Zeichners) inmitten von Bildern, das Motivspiel rätselhaft auftauchender Gegenstände in den Tableaus, die Latenz paralleler Zeitverhältnisse, die Spannung von Bedeutungssprüngen geben auch diesem Film eine nichtnarrative Dimension und einen beachtlichen Reflexionsgehalt.

Michael Nymans Beitrag ist struktureller Art, fern aller Emotionalisierung und inhaltlichen Verdeutlichung. Unter den Bedingungen des Tonfilms erklingt seine Musik diskontinuierlich, wobei sie der Tonkunst der Purcell-Zeit angeglichen ist (der englische Meister wird mehrmals zitiert) und vor allem Ostinatoformen mit stampfendem Rhythmus entfaltet. Nyman ordnet jeder Zeichnung der ersten Sechserreihe ein eigenes Thema zu. Der zweiten Serie der Zeichnungen sind Variationen des sechsten Themas unterlegt. Solche Dramaturgie spiegelt Greenaway's Vorgehensweise nach dem Muster: Aufbau eines Ordnungssystems und anschließende Destruktion desselben. Die Musik des »Zeichner«-Films erfüllt somit eine rein formale Funktion, sie gliedert, erhellt und stimuliert den Augensinn durch den vitalen Drive des pulsierenden Rhythmus.
[Vorführung: *Der Kontrakt des Zeichners*, Sequenz *1. Serie von Zeichnungen*]

Ähnliche Wirkungen ordnender, ja perzeptiv erhellender Art erstreben die musikalischen Beiträge der amerikanischen Minimalisten zu rezenten Tonfilmen. Um nur noch ein abschließendes Beispiel zu erwähnen: Der biographische Spielfilm *Mishima* (1985) des Regisseurs Paul Schrader hat wiederum einen verschachtelten Erzählstil, den Philip Glass mit seinen Möglichkeiten zu verdeutlichen suchte. Das filmische Porträt des japanischen Schriftstellers kombiniert authentische und fiktive Szenen. Schrader gliedert den Lebensbericht in vier Kapitel, die jeweils durch eine Rahmenhandlung – der Realitätsebene zugehörig – eingeleitet werden. Rückblenden in Schwarz-Weiß beschreiben die Kindheit und Jugend des Protagonisten (solchen Phasen ordnete Glass Streichquartettmusik zu). Auf einer dritten Ebene verfilmte Schrader autobiographisch bestimmte Romanszenen Yukio Mishimas und ermöglichte solcherweise eine Reflexion über die Parallelität von Kunst und Leben. Die Musik, in bewährter Distanz zu den Filminhalten, schärft und konturiert den beziehungsreichen Wechsel der »Sinnflächen«, verleiht der gesamten Darstellung einen zwingenden Ton. Anders als bei Nyman erstrebt sie dauerhafte Präsenz. Wohl zugunsten der atmosphärischen Wirkung schaltet sie sich bei Dialogen nicht aus, übernimmt vielmehr nach alter Hollywood-Manier, wenn auch unpathetisch, eine background-Funktion.

Ich fasse zusammen: Offensichtlich verlangen die neuen Dramaturgien anspruchsvoller Filme eine andere Musikstrategie als die tradierten Erzählmuster der Tonfilmklassik (die immer noch kommerziell ausgeschlachtet werden). So halte ich es für möglich, daß der innovative Stil der Minimalisten erstmalig ein medienspezifisches Konzept einlöst, das die filmsprachliche Entwicklung entscheidend beeinflussen wird. Genauso hatte Kurt Weill es sich vorgestellt: *Wir brauchen eine sachliche, gleichsam konzertante Filmmusik, ein Gestalten unter dem Eindruck des Films und kein literarisches Illustrieren. Mit einer Musik, die ausschließlich die Ausdrucksmittel einer längst überholten Zeit benutzt, ist an die Lösung des Problems »Filmmusik« nicht heranzugehen* (*Film-Kurier*, 13.10.1927). Das Gebot der Versachlichung zugunsten einer gesteigerten Intelligibilität und ästhetischen Verfeinerung der Filmkunst bleibt eine Zukunftsaufgabe. Immerhin eröffnet die minimal music dazu eine faszinierende Perspektive. Ihr »style d'ameublement« – unaufgeregt, unprätentiös, vital und transparent – verleiht selbst den alten Filmen, wie wir gesehen haben, eine zeitgemäße Befindlichkeit.

James Whitneys wundervoller Experimentalfilm *Lapis* (1963-66) mit Ravi Shankars Sitarmusik möge abschließend bestätigen, daß die Kunst der Minimalisten in einigen wenigen Werken bereits ihre höchste Erfüllung gefunden hat.
[Vorführung: *Lapis*, Kurzfilm, 8 Minuten]

Helga de la Motte-Haber

Filmmusik und Neue Musik

I.

Kammermusik oder Filmmusik – *die Hauptsache ist gute Musik.* Als Paul Hindemith 1928 im *Filmkurier* unter dieser Überschrift schrieb: *Die Filmmusik muß von Grunde auf geändert werden*[1], hatte der Film bereits eine rasante Entwicklung hinter sich. Zunächst nur eine technische Sensation und eine Varieténummer, war er zu einem Medium mit großer Breitenwirkung geworden, das auch die gehobenen Schichten anlockte. Mit dem Wechsel vom Kintopp in das Lichtspieltheater verband sich eine »Verbürgerlichung« der Filmmusik. Die Helden trippelten mehr und mehr nicht von Unterhaltungsmusik begleitet über die Leinwand, sondern von Salonpiècen. Auch Mendelssohn, Chopin oder Schumann weckten Gefühle für ihr Treiben. *Die Melodie im Kino* (Ernst Bloch) wurde jedoch vielfach noch nicht als integraler Bestandteil des Films angesehen, sondern als eine Form[2] der Inszenierung, die, wie es 1924 der Filmtheoretiker Béla Balázs formulierte, dazu da war, *um den luftleeren Raum zwischen den Gestalten, den sonst der Dialog überbrückt, zu füllen.* Jedoch stellte sich zunehmend auch die Frage nach Originalkompositionen.

II.

So zogen gleichzeitig mit den gehobeneren sozialen Schichten auch die Komponisten zeitgenössischer Musik in die Lichtspieltheater und Filmpaläste ein. In Deutschland taten sie es mit großem Engagement, wie die Experimente 1927-29 des namhaft gewordenen Kammermusikfestes zeigten, das zeitweilig von Donaueschingen nach Baden-Baden verlegt worden war. Aber die Beschäftigung dieser Komponisten war doch nur halbherzig dem neuen Medium gewidmet. Dies verhinderte, daß ein filmspezifisches Komponieren entwickelt wurde.

Diese Zuwendung zum Film war nicht allein motiviert durch dessen Aufstieg in die gehobenen Schichten, sondern auch durch die neuen ästhetischen Ideale einer funktionalen Musik. Nach dem Ersten Weltkrieg erschien der romantische Gestus symphonischer Musik als Lüge. Musik wurde nicht länger mehr als Ausdruck erhabener Weltanschauung verstanden; denn solche Kunst hatte eine undenkbare Katastrophe nicht verhindert. Eine dem Leben dienende Kunst, deren Zwecke klar umrissen waren, sollte geschaffen werden. Von den neuen Medien, neben dem Film auch dem Radio, stand mit Sicherheit fest, daß sie eine Funktion im Leben der Menschen erfüllten. Zu fragen, ob im Zusammenhang mit den neuen ästhetischen Idealen der Gebrauchsmusik der Film für die Komponisten eine Chance für eine neue Kunstpraxis dargestellt hätte , ist zwar ein Gedankenspiel, jedoch eines, das zeigt, daß die Last der Tradition nicht einfach abzuschütteln war. Gerade an den inzwischen bekannten Filmmusiken prominenter Komponisten zeigt sich, wie wenig die neue Gattung mit dem latent noch vorhandenen traditionellen Kunstanspruch kompatibel

1 Paul Hindemith, *Kammermusik oder Filmmusik – die Hauptsache ist gute Musik, Filmkurier* 155, 1928, 2. Beiblatt

2 Béla Balázs, *Der sichtbare Mensch oder die Kultur des Films,* 1924, zitiert nach U.E. Siebert, *Filmmusik in Theorie und Praxis,* Frankfurt 1990, S. 93

war. Paul Hindemith hatte 1921 aus Spaß am Mitmachen als Gast im Hause von Arnold Fanck eine Musik zu dessen heroisch-alpinem Film *Im Kampf mit dem Berg* geschrieben. Hindemith hatte gezögert, seinen Namen auf die Partitur zu setzen (die bei ihm den Titel: *In Sturm und Eis* trägt). *Komponiert von* ohne weitere Angabe steht auf dem ersten Blatt, später wurde diese Partitur mit dem Pseudonym Paul Merano autorisiert. Hindemiths Musik ist praktisch, denn die Besetzung für Salonorchester ist reduzierbar auf Klavier und Geige, eine gängige Besetzung während der Stummfilmzeit. Sie ist jedoch weit entfernt von jeglicher Unterhaltungsmusik, die Hindemith zur selben Zeit durchaus in seine Werke (man denke an die erste Kammermusik op. 24) integrierte. Die Unterhaltungsmusik, vor allem die neuen aus Amerika gekommenen Modetänze, entsprachen dem neuen Lebensgefühl. Fanck hatte seinem pathetischen Film wenige ironische Akzente aufgesetzt, die Fahne auf dem Matterhorn flattert durch Zeitraffer im Winde, was Hindemith mit einem Anklang an Tschaikowskys b-Moll-Klavierkonzert unterstrich. Der Komponist, der ein Jahr zuvor an den Schott-Verlag geschrieben hatte[3]: *Können Sie auch Foxtrotts, Bostons, Rags und anderen Kitsch gebrauchen?* ist, von solchen vereinzelten Stellen abgesehen, in seiner Filmmusik nicht zu spüren. Neobarock ist der Gestus der eröffnenden Ouvertüre, eine Passacaglia füllt einen ganzen Akt. Vorbild war nicht die Kinomusik und die Unterhaltungsmusik, sondern die Suite.

Solche Rückgriffe auf bekannte Gattungen aus der Vergangenheit liegen bei fast allen Komponisten vor, die Filmmusik geschrieben haben. Manchmal wurde sogar an das Musiktheater angeknüpft. »The Wunderkind«, wie Korngold in Amerika genannt wurde, hatte regelrecht versucht, Opern ohne Sänger zu schreiben. Dabei hat er allerdings die zeitweilig wichtige Technik des Underneathing erfunden, das heißt ein Aufblenden zum melodischen Höhepunkt in den Sprechpausen.

Filmmusik und Neue Musik – dieses Thema ist untrennbar mit dem Namen von Hanns Eisler verbunden. 1927 hatte er sich zum ersten Mal für das Baden-Badener Musikfest mit dem Film befaßt. Über 40 Kompositionen sind im Laufe seines Lebens entstanden. Er integrierte sie soweit als möglich in sein Kammermusikwerk. Daß hier keine umfassende Würdigung vorgenommen werden kann, versteht sich von selbst. An anderer Stelle[4] habe ich versucht, Eislers Konzept dahingehend zu präzisieren, daß er durch die Musik eine semantische Differenzierung der Bilder anstrebte, was sowohl bedeutete, Kontraste zu setzen (ein imitatorisch barockes Präludium zur Hinterhofstimmung in *Kuhle Wampe*), Ergänzungen zu schaffen (in *Hangmen also die* zur Totale des Stadtbildes von Prag einen Chor als Stellvertreter für das unsichtbare unterdrückte Volk), als auch emotionale Unterstreichungen vorzunehmen (so die barocken Trauermusiken in dem KZ-Dokumentarfilm *Nuit et Brouillard*). Auch auf Eisler lastete der Anspruch einer musikalischen Tradition, die nicht einfach eine Begleitmusik zuließ. Auch bei Eisler ist es die Passacaglia, mit der er 1927 diesem Anspruch gerecht zu werden versuchte, was es im übrigen ermöglichte, daß dieses Stück als erster Satz in seiner Orchestersuite Nr. 1 einzufügen war. Generell boten Variationen (so auch bei den *14 Arten, den Regen zu beschreiben*) eine Möglichkeit, nicht hinter die berühmten Werke der Vergangenheit zurückzufallen, sondern an einem musikalisch eigenständigen formalen Zusammenhang festzuhalten, das hieß, einen Werkcharakter von Filmmusik vorauszusetzen. Obwohl vielfach abstrakte Filme oder Dokumentarfilme vertont wurden, stellten diese dennoch ein fast unlösbares

3 Dieter Rexroth, *Paul Hindemith Briefe*, Frankfurt 1982, S. 92
4 Helga de la Motte-Haber/Hans Emons, *Filmmusik*, München 1980, S. 101f.

Problem dar. Wie waren die weitergehenden Bilder mit musikalischen Formvorstellungen zu vereinbaren? Lapidar heißt es in dem Buch *Komposition für den Film* von Adorno/Eisler: *Die Praxis des Films kennt vorwiegend kurze musikalische Formen*[5]. Mit Hinweis auf Schönbergs Klavierstücke Opus 11 und Opus 19 wird dies als entwickelnde Variation präzisiert, d. h. Wiederholungen ohne Veränderungen sind beim Film unangebracht. Eine weitere Problematisierung wird in diesem Buch vermieden. Merkwürdigerweise hat die Frage, an welche Formmodelle anzuknüpfen sei, auf theoretischer Ebene diejenigen Komponisten, die nicht zum Umkreis der Avantgarde gehörten, erheblich mehr beschäftigt. Hans Erdmann, einer der Autoren des berühmten *Handbuchs der Filmmusik*, glaubte bei Murnaus *Nosferatu* dieses Problem durch eine Art motivisch-thematischer Arbeit gelöst zu haben. Die Verarbeitung von motivischen Strukturen schien ihm einen musikalischen Zusammenhang im traditionellen Sinn zu garantieren. Die Komponisten, die sich stilistisch an die leichte Muse anlehnten, hatten allerdings stärker mit der Kritik zu kämpfen, da ihre Manieren (vor allem die Verwendung von achttaktigen periodischen oder satzartigen formalen Bildungen) bereits in den 1920er Jahren kritisiert wurden, weil damit Zäsuren geschaffen werden, obwohl der Film weitergeht. Form, deren Vorbild in der autonomen Musik gesucht wurde, war fraglos von allen Komponisten in den 1920er Jahren intendiert. Die Diskussion um das Formproblem zieht sich hin bis in die Hollywoodzeit, wo vor allem David Raksins Musik zu *Laura* (1944) als »formgerecht« beschrieben wurde. Bei den Vertretern der Neuen Musik war Form so selbstverständlich vorausgesetzt, daß darüber nicht viel theoretisiert werden mußte. Obwohl Filmmusik zur Reihung musikalischer Momente tendiert, lag ihnen die Idee des Potpourris fern. Die Musik zu *Niemandsland*, die in das Werk von Eisler als Opus 24 eingegangen ist, stellt eine Ausnahme dar. Sie ist ein Potpourri, jedoch ist dieses ausdrücklich als Verfremdung gedacht. Die Wahrung eines traditionellen Zusammenhangs bei gleichzeitiger Anpassung der Musik an den weiterlaufenden Filmstreifen hat in den Werken von Eisler jedoch Spuren hinterlassen, die heute wie personalstilistische Eigenarten wirken. Durch den Umstand, daß vor allem formbildende Zäsuren unmöglich waren, summieren sich in seinen Kammermusikwerken Sätze, die keine ausgeprägten Schlüsse besitzen, statt dessen erklingen Pizzicati, Triller, Tonrepetitionen oder unabgeschlossen wirkende ausgehaltene Töne. Dazu, daß überhaupt formal geschlossene Sätze entstehen konnten, die dennoch einmal den wechselnden Augen-Blicken gerecht wurden, trägt eine überaus differenzierte Handhabung der Spielanweisungen bei. Im »subito piano« und im »subito forte«, in extrem kurzen Crescendi und im Tempowechsel leuchtet für den Zuhörer im Kammermusiksaal ein plötzlicher Bildwechsel auf.

Probleme der Form und des musikalischen Zusammenhangs stellten sich in jenen Fällen nicht, wo das Sujet, wie bei den Eisenstein-Filmen der 30er und 40er Jahre, durch seine epische Breite die innermusikalische Entfaltung erlaubte. Die komplizierten Überlegungen zu einer Vertikalmontage von Bild und Ton, die Eisenstein angestellt hatte, haben Prokofjew nicht berührt. Er hat zu *Alexander Newski* und *Iwan dem Schrecklichen* Weltanschauungskantaten komponiert.

Auch Schönberg mußte nicht mit Formproblemen bei seiner *Musik für eine Lichtspielscene* umgehen. Zwar ist diese Musik von der Praxis der Kinothek inspiriert, sie war jedoch nicht für einen konkreten Film gedacht (und wenn, so hätten sich die Bilder nach der Musik zu richten, meinte Schönberg, was für die inzwischen erfolgten Verfilmungen zu prüfen

5 Theodor W. Adorno/Hanns Eisler, *Komposition für den Film* (1944), Leipzig 1977, S. 75

wäre). Die *Musik für eine Lichtspielscene*, das heißt eine Besetzung für Salonorchester in einem Zwölftonstück, ist eher Ausdruck von Schönbergs Auseinandersetzung mit ästhetischen Idealen der Gebrauchsmusik und der angewandten Musik.

Mehr Beispiele aufzulisten ist überflüssig für das summarische Ergebnis, daß die Beschäftigung von Komponisten Neuer Musik zunächst nicht zu einer filmspezifischen Musik führte. Die Verpflichtungen gegenüber der autonomen Musik, die trotz programmatischer Äußerungen über die neuen funktionalen Orientierungen in ihren Köpfen nicht getilgt war, haben bedeutende einzelne Stücke hervorgebracht, die jedoch nicht als typisch für eine neue musikalische Gattung angesehen werden können. Ein Komponist sei davon ausgenommen, von ihm wird später die Rede sein.

III.

Eine regelrecht filmspezifische Musik wurde erst im Hollywoodfilm entwickelt. Die Kompositionstechniken sind nur in Ansätzen untersucht, da es im Gefolge der Publikation von Adorno – Eisler zur Mode wurde, eine lediglich kritische Haltung zu dem spätromantisch klingenden orchestralen Sound dieser Musik einzunehmen. Filmspezifisches Komponieren sei an einer Analyse von Max Steiners berühmtem Tara-Thema aus dem Film *Vom Winde verweht* demonstriert.

Dieses Hauptthema, das gleich im Vorspann erscheint, ist in eine achttaktige Form gebracht, die den Regeln des periodischen Schemas genügt. Es bezieht sich auch auf die reguläre Kadenz. Jedoch besitzt dieses »Thema« eine Besonderheit, nämlich, daß es auf ein kleines zweitaktiges Element kondensiert werden kann, das in leicht variierter Wiederholung zur vollen Periode ausgedehnt wird. Und dieses Element ist in sich (durch die Harmonik) abgeschlossen und höchst auffällig charakteristisch gestaltet durch den emphatischen Oktavaufschwung – letzterer ein höchst selten gebrauchtes musikalisches Mittel. Um seine Bedeutung zu entfalten, bedarf dieses Motiv nicht der vollen Ausdehnung, sondern nur der Andeutung. Steiner hat übrigens alle 16 Themen für den Film *Vom Winde verweht* in dieser kleingliedrig reihenden Form erfunden – Anlaß genug daraus zu schließen, daß er damit etwas intendierte. Themen, die auf ein motivisches Element schrumpfen, gab es allerdings in der Musikgeschichte bereits früher. Jedoch unterscheidet sich Steiners Musik davon, weil es sich um einen anderen Typus von Thema handelt: Themen, die auf ein Motiv schrumpfen können, werden normalerweise nicht im langsamen Tempo konzipiert. Steiner schuf Melodien, weit ausschwingend erscheinen sie und wirken nicht so, wie ein von einem einzigen Motiv geprägter Gedanke. Und Mittel der melodischen Gestaltung treten auch potenziert auf. Die Kombination von Melodienseligkeit und Kleingliedrigkeit ist durchaus neuartig, nicht der Normalfall. Die Themen wirken immer charakteristisch, gleichgültig ob sie kürzer oder länger gespielt werden, je nachdem wie es eine Filmsequenz erfordert. Diese Musik ist zwar nicht montiert, aber sie erlaubt den Schnitt, ohne Einbuße zu erleiden und ist mindestens im Hinblick auf die technischen Bedingungen des Mediums Film eine angemessene Musik.

Bei der Erfindung von Musik, die geschnitten werden kann, wurde zunehmend allerdings sowohl auf das Gerüst der Kadenz als auch auf das periodische Schema verzichtet. Harmonisch locker gefügt läßt sich Musik noch besser montieren oder auch kürzen, zugleich suggeriert sie thematische Präsenz durch ihre Motive. Hollywood eignete sich auch schnell die Mittel der Neuen Musik an, Tritonusintervallik charakterisierte schon *King-Kong* von 1932. Die Genres des Horror- und Science-Fiction-Films sind seit den

1950er Jahren fest mit den Mitteln der Neuen Musik verbunden, zudem ging die Musik eine enge Verbindung mit dem Geräusch ein. Geräuschhaft, mit repetierten Trommelschlägen unterlegt, ließ Tomkin den Vorspann zu *High Noon* einsetzen. Hatte bereits Musik, die sich noch tonal gerierte, die tonalen satztechnischen Ordnungen verlassen, um in sich selbst und zum Bild montierbar zu sein, so war bei den Soundtracks, die Geräusche und Klänge der Neuen Musik benutzten, der Bezug zu den traditionellen Formkategorien aufgelöst. Und jedem Zuschauer war es gewiß einleuchtend, daß auf dem *Planet der Affen* weder die tonalen harmonischen Regeln noch die achttaktige Periode zu berücksichtigen waren. Für die wie von Synthesizern erzeugt wirkenden, aber mit herkömmlichen Instrumenten gespielten Klänge zu diesem Film wurde Jerry Goldsmith ein Oscar verliehen.

Der Musik sind mit der Entwicklung des Tonfilms allerdings neue Aufgaben zugefallen, die im Insgesamt der Wahrnehmung des Films eine Rolle spielen. Es sind dies grundierende Wirkungen für Bildmontagen, es sind dies aufmerksamkeitsstimulierende, gliedernde Effekte, die das Verstehen der Handlung erleichtern. Autofahrten beispielsweise, die wechselnde Bilder vom Fahrer, von der Landschaft zusammenwürfeln, ohne daß ein dramatisches Geschehen sie zusammenhielte, brauchen eine musikalische Untermalung. Solche Bildfolgen bedürfen der Musik, und zwar als einer Art Hintergrund, vor dem sie zu einer einheitlichen Figur verschmelzen. Grundierende Musik kann völlig anonym sein. Es sind dies jedoch auch jene Szenen, wo sie sich fast eigenständig entfalten kann. So wurde denn die Autofahrt der um 1970 gedrehten Filme, wo die Bilderflut ohne dramatischen Fortgang ein wichtiges Inszenierungsmittel gewesen ist, zu einem Vorläufer des Videoclips. Man sehe sich daraufhin *Harold and Maud* mit den Songs von Cat Stevens an. Für die Hintergrundmusik gibt es jedoch satztechnische Begrenzungen, sie muß leicht faßlich, einfach, entwicklungslos und unauffällig im mittleren Tempo gehalten sein, um die wechselnden Bilder zu einer Einheit zu verschmelzen.

Neben der Zusammenfassung der Bilder bewirkt Musik Gliederung, und zwar oft bei einem Orts- und Szenenwechsel, weil sie den Schnitt zu verdeutlichen hilft. Harte Schnitte werden vielfach durch einen Musikeinsatz schneller verständlich, weil er die Aufmerksamkeit erhöht und zugleich auf eine neue Situation hinweist. Daß der Schnitt akustisch hervorgehoben wird, ist typisch für Genres, wo Regisseure mit einer geringen intellektuellen Anstrengungsbereitschaft des Publikums rechnen. Reiten die Helden beispielsweise nach einer Schlägerei im Saloon davon, ohne daß man sie auf die Pferde steigen sah, so sind sie in der Regel von Musik begleitet. Auch Kojak braucht durch keine Türen in sein Auto zu gelangen. Zwischen Büro und Auto sind etwa fünf Sekunden lang anonyme Klänge zu hören, die die alte Szene aus- und die neue einleiten. Als etwas Neuartiges sind sie dem Film hinzugefügt. Da sie die Aufmerksamkeit des Zuschauers stimulieren, beugen sie der Verwirrung vor, die der Ortswechsel auslösen könnte. Solche musikalischen Brücken gehören in verkaufsträchtigen amerikanischen Screenplays inzwischen zu den Standards. Sie sind zum Ersatz geworden für optische Möglichkeiten, Sequenzen miteinander zu verbinden. Ihre musikalische Bedeutung ist umso kleiner, je größer ihre wahrnehmungspsychologische Funktion ist. Es wäre sinnlos zu fragen, ob solche Musik gut oder schlecht ist, weil die Antwort davon abhängt, ob der Film gut oder schlecht ist.

Die Kriterien filmspezifischen Komponierens seien noch einmal zusammengefaßt:

1. Expressive Eindeutigkeit, die klarmacht, daß der Planet der Affen nicht im Wilden Westen zu suchen sei, verbindet sich

2. mit stilistischer Beliebigkeit, die auch den Sound Neuer Musik – bis hin zu Übergängen zum Geräusch – zur tönenden Kulisse werden ließ. Filmmusik ist
3. mit wahrnehmungspsychologischen Funktionen verbunden, wobei die alte Idee, Gefühle und drive seien akustisch zu vermitteln, ergänzt wurde um zusammenfassende und gliedernde Aufgaben, die sie zu erfüllen hat, um die Rezeption der Bilder zu erleichtern (diese Funktionen sind unter der Überschrift *Syntaktische Funktionen* 1980 zum ersten Mal ausführlich beschrieben worden[6]). Vor allem ist
4. Filmmusik locker gefügt, formal enthierarchisiert, reihend erlaubt sie den Schnitt ohne sinnlos zu werden. Im Umkreis der Komponisten um die »Groupe de Six« wurde bereits solche Musik für alle Tage geschrieben, die nicht mehr auf den Anspruch der absoluten Musik pochte. Vielleicht wäre auch die Zitatcollage von Schostakowitsch zu dem Film *Das neue Babylon* zu erwähnen. Das Vorbild einer filmspezifischen Musik hat Erik Satie zu *Entr'acte* (1924) geschaffen. Ausdrucksmomente sind in dieser Musik weitgehend getilgt, sie hat einen grundierenden Charakter. Sie schafft Homogenität für die surrealistische Bilderfülle. Es ist Musik ohne Entwicklung, zum Schneiden, eine Aneinanderreihung kleingliedriger Motive, die nicht den Anspruch eines formalen Zusammenhangs auf höherer Ebene stellt. Die innere musikalische Logik ist von Satie ersetzt durch äußere Bedingungen. Trotz ihres gleichgültig vor sich hinrasselnden Gestus erfüllt diese Musik Aufgaben für den Rezipienten; so vermittelt sie ihm noch etwas mehr drive und Bewegung, indem sie schneller wird, nachdem die Geschwindigkeit der Bildabfolge nicht mehr gesteigert werden kann. Einer formal enthierarchisierten Musik haben sich in der Folgezeit alle Komponisten bedient, die Minimal music zur Filmmusik machten (beispielsweise Michel Nyman, Philip Glass). Gewiß haben sie sich Erik Satie verwandt gefühlt, gewiß haben sie nie daran gedacht, daß diese Enthierarchisierung der Musik auch eines der in Hollywood erfundenen Prinzipien war. Diese Prinzipien wiederum bieten bis zum heutigen Tag gute Kriterien, um die lukrative Schöpfung neuer Soundtracks zu berühmten alten Filmen zu bewerten. Filmmusik ist nicht gut oder schlecht, sondern gut oder schlecht gemacht. Ihr ästhetischer Wert bemißt sich an der handwerklichen Maßgerechtigkeit.

IV.

Am Film, der zeigte, wie aus zeitlichen Vorgängen räumliche Eindrücke resultieren, entzündeten sich von Anfang an ganz neue ästhetische Vorstellungen. Daß die Wahrnehmung kinematographischer Natur sei – diese aus den einflußreichen Schriften von Henri Bergson entnommene Bestimmung –, veranlaßte zu künstlerischen Spekulationen, in denen die Gattungsgrenzen zwischen den Künsten zugunsten von neuen intermedialen Formen aufgelöst erschienen. Hatte ohnehin bereits die Erfahrung einer Einheit der Sinne – wann sehen wir schon, ohne zugleich zu hören – die medienspezifische Abgrenzung der Künste als einerseits räumlich und andererseits zeitlich, fragwürdig erscheinen lassen, so war nun mit dem Film regelrecht eine neue Gattung synthetischer Kunst vorhanden. *The whole in the sense of Mr. R. Wagner* – wie es später Nam June Paik formulierte, übertraf die Möglichkeiten der Vorstellungen vom Gesamtkunstwerk des 19. Jahrhunderts, weil jenseits der damit verbundenen Summierung der Mittel im Zwischenbereich zwischen den Künsten auf einem Raum-Zeit-Kontinuum Übergangsfelder sichtbar gemacht wurden.

6 Helga de la Motte-Haber/Hans Emons, a.a.O., S. 191f.

Ein solches Phänomen ist der absolute Film, Künstler wie Viking Eggeling, Walther Ruttmann, Hans Richter und andere übertrugen bereits rhythmische und kontrapunktische Regeln auf bewegte Bilder. Gleichzeitig mit dieser »Augenmusik« der 1920er Jahre verliefen Entwicklungen von Lichtmaschinen, mit denen Maler versuchten, Zeit in die räumliche Erscheinung des Bildes zu integrieren. Moholy-Nagys Konstruktion eines Lichtraum-Modulors wurde sehr bekannt. Die Gruppierung der Synchromisten, die den Klang (einer Symphonie) durch das Chroma einer Farbe ersetzte, schuf ebenfalls solche Entwürfe. Am Bauhaus regte der Film Farblichtspiele an, die wie bei Hirschfeld-Mack und Schwerdtfeger auch Ton vorsahen. Auch Farbenklaviere, die dem flüchtigen Ton eine substantielle Erscheinung gaben, hatten in den 1920er Jahren Hochkonjunktur. Unübertroffen bis zum heutigen Tag sind die Filme, mit denen Oskar Fischinger Musik in sichtbare Ereignisse übersetzte und die Überschreitung medienspezifischer Grenzen zeigte. Zwar ist Fischingers Biographie bekannt, jedoch ist der Ursprung seiner Gedanken nicht ganz klar. Welche Einflüsse, so fragt man sich, hatte beispielsweise die anthroposophische Lehre, die auch bei vielen anderen Künstlern die Vorstellung anregte, durch farbiges, bewegtes Licht auf der Leinwand den Astralleib der Musik visuell zu veranschaulichen? Fischinger hat tiefe Wirkungen sowohl auf die amerikanischen Experimentalfilmer (die Brüder Whitney, später Belson) gehabt als auch auf die Komponisten, darunter Edgard Varèse und John Cage. Kommerzialisiert wurden seine Gedanken in Walt Disneys *Fantasia*. Seine Mitarbeit an diesem Film hat er deshalb geleugnet.

Auf eine Mitwirkung von Walt Disney an seinem Filmplan *Déserts* hoffte allerdings Edgard Varèse, der sich in den 1940er Jahren zeitweilig in Los Angeles niedergelassen hatte in der Hoffnung, für Hollywood arbeiten zu können. Von Varèse stammen nur zwei kurze Filmmusiken zu Kunstfilmen über Miró und Léger, die heute allerdings schwer zugänglich sind. Die Verfilmung von *Déserts* stellte er sich als Kontrapunkt von Licht und Ton vor, wozu Bilder der Erde, des Himmels, Sand, Schnee in amerikanischen Wüsten aufgenommen werden sollten. Erst in jüngster Zeit sind diese in Briefen 1952 geäußerten Pläne im Detail bekanntgeworden. Zugleich hatte Varèse die Absicht, die Musik zuerst und als vollständige Einheit zu komponieren. Seine Vorstellungen sind damit weit entfernt von jeglicher Begleitmusik, wie sie die Komponisten seiner Generation erprobten. Sie haben jedoch auch nichts mit Schönbergs Vorstellung zu tun, die Bilder hätten sich nach der Musik zu richten. Varèse hatte grundsätzlich eine neue Art der Kontrapunktik von Klangkörpern erfunden, aus deren Wechselspiel Rhythmus hervorgeht. Auch in der Komposition *Déserts* (die von seinen ursprünglichen Plänen von 1952 durch das Fehlen eines Chors abweicht) bewegen sich Klangkörper oder auch nur einzelne Töne mit- und gegeneinander, und zwar in unterschiedlichen Geschwindigkeiten. Um solche unterschiedlich schnellen Verläufe zu schaffen, benutzte Varèse das Crescendo und das Decrescendo, das heißt einen für jeden Klangkörper eigenen dynamischen Verlauf. Solchen polyphonen Aktionen läßt sich durchaus eine weitere Schicht hinzufügen, wenn sie als Bewegung im Raum komponiert ist. Eine solche Schicht kann weitgehend selbständig sein und muß nur an wenigen Stellen mit dem Ton in eine homophone Kadenz münden. Diese Möglichkeit der Kontrapunktik hat nichts mit der gemeinhin als kontrapunktisch bezeichneten Paraphrasierung durch Begleitmusiken zu tun, die als kunstpolitische Forderung zuerst im russischen Tonfilmmanifest 1928 auftaucht. Denn Varèse hatte in allen seinen Werken diese Technik eines dynamischen Kontrapunkts einbezogen, um mit dem gleichzeitigen, aber nicht gleichsinnigen An- und Abschwellen auch den Eindruck eines Kommens aus der (beim Lauterwerden) und Gehens in die Tiefe des

Raumes (beim Leiserwerden) zu erzeugen. Zeit und Raum bilden in den verschieden schnell und unabhängig voneinander verlaufenden Klangschichten seiner Musik eine Einheit. Diesem Geschehen eine visuelle Schicht hinzuzufügen, hätte lediglich die plastischen Eigenschaften dieser Musik erhöht. In jedem Fall wären die visuellen Vorgänge gleichberechtigt mit den auditiven zu verbinden gewesen. Die Frage, ob die Musik sich dem Bild anzupassen habe oder umgekehrt, stellt sich nicht.

Auch John Cage ging von einer Gleichberechtigung des Visuellen und Akustischen aus, deren enge Korrespondenz er von Fischinger gelernt hatte. Gleichwertigkeit von Bild und Ton ist jedoch ganz anders als bei Varèse aufgefaßt. In enger Anlehnung an Fischinger, mit dem er schon versucht hatte, eines seiner frühen Schlagzeugstücke optisch zu veranschaulichen, ging Cage (wie auch die Brüder Whitney) davon aus, daß ein gleiches Prinzip hinter den verschiedenen Modalitäten der Wahrnehmung stehe. Bei *One [11] and 103* von 1992 hat John Cage für die visuelle und die akustische Schicht ein gleiches generierendes Prinzip benutzt. Er ließ Licht vom Boden, von der Decke, von den Wänden filmen (168 Lampen mußten jeweils neu eingerichtet werden) und ließ bei der Abfolge der Lichtbilder den Zufall walten. Dies gilt auch für die Folgen von Tönen, die ein Orchester spielt, das die Zahl 1 um 103 erhöhte. Konstruktion ist hier nicht mehr intendiert, eher ein Anblick der Leere, den eine subjektive Kamera dem Rezipienten als eigene sich nicht wiederholende, ständig weitergehende Erfahrung suggeriert. Er kann zum Anlaß für eine meditative Haltung werden.

Die Akzeptanz der optischen Vorgänge durch die Komponisten als gleichberechtigt zur Musik garantierte – paradoxerweise und logisch zugleich – die Aufhebung von traditioneller Filmmusik, die ein unerläßliches Requisit darstellt und dennoch nicht gehört werden sollte. Filmmusik wird bei solcher Auffassung zu Musik. Kagel hat aus den vielfältigen Verhältnissen, die das Zueinander zweier gleichwertiger Schichten ergibt, etwas wie eine neue audiovisuelle Gattung geschaffen. Er hat dabei vielfältige Konstellationen zwischen Bild und Ton verwendet. In *Match* wird Musik optisch präzisiert, in *Antithèse* werden optische Abläufe in Musik umgesetzt. Das heißt, daß bei *Match* zum timing der Musik die Bilder gesetzt wurden, wohingegen bei *Antithèse* (dem ersten Film von Kagel) zu den zeitlich gequantelten visuellen Vorgängen die Musik hinzugefügt wurde. In *Hallelujah* sind, streckenweise verschieden, Bild oder Musik die Bezugsgrößen für die Montage. Zu den Bildern vom Orgelspiel ist die Musik synchronisiert; bei dem Chor *Wir wollen nicht* sind die Bilder im Rhythmus der Musik montiert (Ernst Lubitsch hatte schon einmal eine Filmsequenz im Walzertakt geschnitten.) Beim Komponieren im Feld zwischen dem optischen und akustischen Medium hat Kagel zuweilen auch die Ränder dieser intermedialen Zone berührt und mit *Solo für einen Dirigenten* (von wenigen Geräuschen abgesehen) einen Stummfilm geschaffen und mit Filmmusik MM = 51 den Soundtrack autonom gemacht.

Der Film wird sicher eine anregende Möglichkeit bleiben, jenseits der fixierten Grenzen der Kunstgattungen zu arbeiten. Zugleich hat er eine Vorläuferfunktion für die sich heute rasch entfaltenden elektronischen Medien, die in ihrer numerischen Fundierung eine völlige Identität der einstmals als getrennt erachteten Medien denkbar machen. Richard Teitelbaum machte bereits in einem seiner Golemstücke die Bilder eines alten Films zur Begleitung seiner Musik. Über mehrere Monitore war im interaktiven Geschehen zwischen Synthesizern und zwei Sängern Wegeners Golemfilm von 1920 zu sehen. Die Bildgeschwindigkeit aber, mit der dieser Film ablief, war über Computer durch die Gesangstimmen geregelt. Der Film wurde Teil einer einzigen vieldimensionalen Medienwirklichkeit, deren Details im Computer ineinander übersetzbar werden.

Die intermedialen Formen haben das Ziel, neue und durch keine ästhetische Doktrin eingegrenzte Orte zu finden. Daß diese Orte letztendlich im Bewußtsein des Rezipienten zu suchen seien, machen zumindest die audiovisuellen Installationen klar, in denen der Zuschauer nicht mehr als Vis-à-vis, sondern mitten im künstlerischen Geschehen sitzt. Die Ambiente, mit denen Brian Eno einmal Wartende beispielsweise in einem Airport räumlich umgab, sind inzwischen zu magischen Orten geworden, in denen die sphärischen Klänge mit fließendem Bildgeschehen im farbigen Videolicht auf keine konkreten Geschehnisse mehr verweisen. In solchen Meditationsräumen wird beim Rezipienten der Unterschied zwischen Realität und Identität aufgelöst. Erinnern wir uns an Béla Balázs' Bemerkung zurück, daß die Filmmusik allerdings schon immer distanzauflösend war, weil sie die Luft zwischen der Leinwand und den Rezipienten zu überbrücken hatte, dann scheint es, als habe sie auch schon immer deutlich zu machen gewußt, daß die Grenzen zwischen der als real geglaubten und der als virtuell empfundenen Realität nicht besonders scharf gezogen sind.

Josef Kloppenburg

Möglichkeiten der filmischen Visualisierung von Kunstmusik

Musik audiovisuell zu produzieren, ist eine Selbstverständlichkeit geworden. Die Video-Clip-Kunst ist längst rubriziert und wird ständig um neue Formen erweitert. Was die Popart errang, ist der Avantgarde-Tradition versagt geblieben. Klassik-Videos perpetuieren Klischees, Konzertmitschnitte zeigen den Dirigenten, das Instrument, das gerade spielt und die festliche Strenge: sie tragen bei zu einem Absinken der nicht bewegte Bilder intendierenden Musikkunst im Fernsehen auf ein Niveau alberner Musik- und Musikerreklame – mittelmäßig und irrelevant. Die nachschöpferische Energie für Bilder und ihre Verbindungsmöglichkeiten in bezug auf Musik scheint der Populärkultur vorenthalten zu sein. Nur vereinzelt wagen Regisseure den Versuch, durch Fernsehbilder die Idee der Avantgarde auf dem Bildschirm am Leben zu erhalten oder wiederzubeleben. Kunstmusik der Gegenwart und der Vergangenheit auf den Bildschirm zu bringen, setzt voraus, auf der visuellen Ebene ein Konzept entwickelt und umgesetzt zu haben, das in schlüssiger Beziehung zu dem Musikstück steht und aus diesem abgeleitet wurde. Für visuelle Bombardements kann die sogenannte Ernste Musik nicht die Grundlage bilden, da ihr die enervierenden akustischen Vokabeln der Rockmusik fehlen. Mit der Kamera und dem Videosynthesizer Bilder auf Werke von Ligeti oder Strawinsky zu legen, bedeutet, sich zu beziehen auf vielschichtige musikalische Verläufe, die Notwendigkeit ihrer Entfaltung in der Zeit zu berücksichtigen und die Grenzen des Bildschirms zu akzeptieren.

Jean Mitry wählt für den Anfang seines Films von 1948 zu Arthur Honeggers *Pacific 231* die visuelle Umsetzung eines auskomponierten kontinuierlichen Accelerando innerhalb von 72 Takten, deren Metrumschemata, beginnend im Alla breve mit 𝅗𝅥=60, über 𝅗𝅥 = 80 und einer 6/4-Taktgruppe mit 𝅗𝅥. = 𝅗𝅥 und wieder Alla breve zum 4/4-Takt mit ♩ =, 152 ebenfalls systematisch gesteigert werden. Den in dieser langsamen Steigerung kontinuierlich sich ebenfalls verdichtenden Betonungsverschiebungen in den tiefen Streichern (von der »eins« über »eins« und »zwei«, Vierteltriolen und vier Vierteln zu erstem und viertem Viertel) ordnet Mitry auf der Bildebene in Groß- und Nahaufnahmen die Bewegungen der Kolbenstange einer Dampflokomotive zu, die über die beiden Treibstangen ihre hin- und hergehenden Bewegungen in die Drehbewegungen der drei Treibräder umwandelt. Mitry legt die Bilder der horizontalen Bewegungen dieses Mechanismus synchron an den Rhythmus der Streicher an und schneidet die Einstellungsfolgen dieser synchronen Bild-Rhythmusverbindungen wieder synchron auf die Musik; auch die Schnitte sind auf Akzente gesetzt. Die Bewegungen der Kolbenstange und der Treibstangen repräsentieren das Accelerando, die Räder den Alla breve-Takt. Während des gesamten Films werden die Bewegungen der Stangen in größtmöglichem Synchronismus mit der Rhythmik der Musik gezeigt, diese Verbindung wird beibehalten auch während der systematischen Verlangsamung ab Takt 118 mit ♩ = 144 bis zu Takt 204 mit ♩ = 126. Während die Lokomotive bzw. der Zug zwischen T.72 und T.118 die hohe Geschwindigkeit kontinuierlich beibehält, wird das Bildgeschehen von der Lokomotive auf die Landschaft verlagert; immer aber werden die Elemente der vorbeirauschenden Außenwelt, wie Pappelalleen, Verstrebungen einer Brücke oder Schwellen von Schienen in größtmöglicher Synchronisation auf die Musik geschnitten. Der Verbindung von Treibstange und Rad gilt auch die letzte Großaufnahme des Films, wenn nach systematischer Verlangsamung dieser Bewegungskombination und damit des Zuges Musik und Zug über vier

Viertel, Triolenhalbe, zwei Halbe und punktierte Halbe auf ganzer Note (mit angebundenem Viertel) zum Stillstand gelangen. Mitrys Bezugsgrößen im Musikstück sind die auskomponierten Accelerandi innerhalb gleichbleibender Metren, die Tempi und die systematische Verlangsamung. Als filmische Mittel verwendet er in erster Linie Bilder von der Verbindung von hin- und hergehenden Bewegungen und Kreisbewegungen sowie die synchrone Aufnahme der Bilder zur Musik, die synchrone Verbindung zwischen dem Rhythmus der Einstellungsinhalte und dem Rhythmus der Musik sowie die synchron geschnittenen Einstellungsfolgen.

Synchronisation – bei Mitry das Prinzip der Verbindung von Bewegung in Bildern und von Bildern – prägt die Bildinhalte meistens in Musikfilmen allein dadurch, daß es als störend empfunden wird, wenn in einem Konzertfilm der Bogenstrich der Streicher im Bild nicht sehr hart an die Musik am Schneidetisch angelegt wurde. Dieses Prinzip der direkten Angleichung wird hier übertragen auf die Schnittechnik.

Das Setzen eines Schnittes auf einen akustischen Akzent ist Konvention. Ausnahmen müssen im Regiekonzept ihre Begründung finden, wie zum Beispiel die Dissoziation, die erzeugt wird, wenn ein Bildschnitt während eines Akkordes oder einer zusammenhängenden musikalischen Phrase erfolgt, beziehungsweise die innere Dynamik eines Bildinhaltes oder der Rhythmus einer Schnittsequenz nicht synchron zu Zeitstrukturierungen in der visualisierten Musik gesetzt werden. Synchron zu musikalischen Akzenten und Verläufen schneidet Ken Russell seine Bildsequenzen in seinem Film aus dem Jahre 1983 zu *The Planets* von Gustav Holst. Russell montiert dokumentarisches Filmmaterial. Kein Schnitt ohne akustischen Akzent. Aber innerhalb einer Einstellung läßt er Metren auseinanderlaufen. Im Satz *mars, the bringer of war* montiert er Ausschnitte aus dem Propagandafilm *Triumph des Willens* von Leni Riefenstahl mit Aufnahmen aus einem Stahlwerk. Die Riefenstahl-Soldaten marschieren zum durchgehenden 5/4-Takt. Die einmontierten Portraits von Adolf Hitler sind exakt auf die eintaktigen Trompetensignale *call to the arms* geschnitten. Russells Montagen sind Zivilisationskritiken, seine Präsentationen von Schönheit in *venus, the bringer of peace* sind Persiflagen. Dissoziation und Synchronisierung sind Elemente einer Kommentierung, die sich auch der Kontrapunktierung bedient; daß Soldaten im 5/4-Takt marschieren, kann auch als satirisches Moment verstanden werden.

Synchronisierungen oder Kommentierungen und Montagen von dokumentarischem Filmmaterial als filmästhetischen Ideen stehen solche Formen gegenüber, in denen die Tricktechnik exzessiv zur Geltung kommt. Walt Disneys *Fantasia* bietet eine Fülle von Anschauungsmaterial dieses Genres. In den Zeichentricks werden Geschichten visualisiert, die Programmusik erzählen soll, wie zum *Zauberlehrling* von Dukas. Oder durch Tricks neben Kameraaufnahmen, die durch die Verwendung starker Lichtkontraste auch den Scherenschnitt simulieren, wenn Leopold Stokowski die Arme reckt; es werden Bebilderungen angeboten, die, in Verbindung mit den Kommentaren eines Sprechers, eine zu imaginierende Welt präsentieren. Zum *Sacre du printemps* von Strawinsky wabern asynchron zu musikalischen Strukturen bunte Figurationen wie spiralförmige Sternsysteme durch nächtliche Sternenhimmel, subjektive Kamera wird simuliert. Trickbeliebigkeit und nächtliches Weltall sollen in Beziehung gebracht werden zu der archaischen Aura dieser Musik – amüsierende Beliebigkeit. Tricks, vordringlich Computeranimationen in Verbindung mit Kamerabildern, können auch eingesetzt werden, um das Programm eines Musikstücks mit den Mitteln modernster Bildtechnik zu zeigen. Der vom holländischen Fernsehen (Regie: E. de Vries) 1985 produzierte Film zu Strawinskys Oratorium *The Flood* arbeitet mit allen erdenklichen Mitteln der Kameraführung und des Videosynthesizers und präsentiert einen Technikmix, der angelehnt ist an einen Videoclip – eine dem Medium Fernsehen und seinen technischen Möglichkeiten adäquate Form der Bebilderung in strenger Orientierung an eine vorgegebene Story. Sehr spektakulär. Ein Versuch, neue Musik mit den Mitteln der Pop-art zu popularisieren.

Adrian Marthaler erfindet Geschichten zu Musikstücken, filmt sie mit der Kamera, synchronisiert die Sequenzen mit der Musik und nennt das ganze »narrative Musikfilme«. Musiker mimen vor der Kamera Musiker. Sie spielen die erklingende Musik in Interaktionen, deren Bedeutungen neuen Sinn stiften sollen, ein neues Verständnis des betreffenden Musikstücks beziehungsweise der Kunstmusik der Vergangenheit überhaupt bewirken sollen. In der Verfilmung von Prokofjews *Symphonie classique* aus dem Jahre 1991, produziert von Radio Bremen zusammen mit der kanadischen Produktionsgesellschaft Rhombus, spielen die Musiker des Montreal Symphony Orchestra unter Leitung von Charles Dutoit Musiker bei einer Aufführung dieses Stückes in der Garderobe bzw. auf der leeren Bühne eines leeren Opernhauses. Sie agieren in Rokokokostümen vor gelangweilten Zeitungskritikern, drehen auf Schlittschuhen Figuren auf der leeren Bühne als Eisbahn vor einer Beethoven-Büste in einer Glasvitrine angesichts des amüsierten Dirigenten als Juror. Die Kamera zeigt die leeren Ränge mit einem überdimensionalen Portrait des Komponisten, die Musiker defilieren musizierend an seiner Urne vorbei u.a. Persifliert wird der Wettkampfcharakter des etablierten Musikbetriebes und sein Totenkult, der – angesichts der leeren Ränge – niemanden interessiert. Solch optischer Firlefanz nährt bestehende Vorurteile bezüglich einer Antiquiertheit symphonischer Musik und suggeriert die Notwendigkeit einer irgendwie lustigen Einbindung jeder Form von Kunstmusik der Vergangenheit in den Lebens- und Medienalltag.

Möglichst ohne die Zwänge eines ehrwürdigen Konzertsaals will der Regisseur Olivier Mille die Rezeption der *Gruppen für drei Orchester* von Karlheinz Stockhausen ermöglichen. In seinem Film, der im Rahmen des Festivals Musica '89 in den Reparaturwerkstätten der französischen Eisenbahngesellschaft SNCF in Straßburg gedreht wurde, werden die *Gruppen* vom Sinfonieorchester des Südwestfunks unter den Leitungen von Michael Gielen, Peter Eötvös und Arturo Tamayo aufgeführt, und die Bedeutung des Werks in der Kompositionsgeschichte des 20. Jahrhunderts sowie die Spezifik seiner Korrespondenz von Klanggruppen im Raum wird durch vorausgehende Kommentare der Dirigenten erläutert. Die Kameras sind während der Aufführung so postiert, daß sowohl der gesamte Raum als auch die Formen von Klangisolierung und -zusammenführung – die notwendige Großräumigkeit für dieses Stück – auf den Bildschirm gebracht werden.

Die beiden Filme von Klaus Lindemann zu den *Aventures* und *Nouvelles Aventures* von Ligeti dokumentieren die gegensätzlichen Bezugsgrößen für einen Film zu Musik: die Aufführung und die durch die Musik ausgelöste Phantasie. In *Nouvelles Aventures* aus den 60er Jahren zeigt Lindemann die Instrumentalisten und Sänger unter der Leitung von Friedrich Cerha bei der Aufführung in virtuoser Kamera- und für die damalige Zeit rasend schneller Schnitt- und verwirrender Bildtechnik. Mit der Neuheit des Stückes korrespondiert die ungewohnte Bildmontage. In dem Farbfilm *Aventures* aus den 70er Jahren läßt Lindemann auf dem Bildschirm – zur Darbietung der Musik durch die gleichen Künstler – Personen in Kommunikationssituationen agieren, denen das Prinzip der Umkehrung zugrundeliegt (Kinder füttern Erwachsene). Absurdität findet eine optische Entsprechung.

Edith Decker

Die visuelle Musik Nam June Paiks

Der heute als Videokünstler bekannte Nam June Paik begann seine künstlerische Laufbahn als Komponist. Doch nicht von seinem musikalischen Frühwerk soll die Rede sein, es geht um das Musikalische in seinen Videoinstallationen, genauer gesagt, in den Videobändern seiner Installationen. In ihnen vollzieht sich ein Bildgeschehen, das seine Impulse nicht durch inhaltliche Momente erhält, sondern quasi-musikalischen Prinzipien folgt. Paik hat damit eine besondere Position inne, die sich aus seiner spezifischen Biographie herleitet. An einigen Beispielen will ich die Entwicklungsgeschichte des betreffenden Werkkomplexes nachvollziehen.

Paik war 1956 mit einem Magistertitel der Universität von Tokio als angehender Komponist nach Deutschland gekommen. Er interessierte sich für die Avantgarde. Die Werke Arnold Schönbergs und Alban Bergs kannte er schon lange. Über Berg hätte er gerne eine Doktorarbeit geschrieben, doch dafür war sein Studienort, die Universität München, zu konservativ. Die für seine Zukunft entscheidenden Begegnungen machte er nicht in München, sondern in Darmstadt bei den Internationalen Ferienkursen für Neue Musik. Hier traf er 1957 Wolfgang Fortner, dem er nach Freiburg folgte, und 1958 John Cage, der ihn noch sehr viel weiter führen sollte. Fortner attestierte ihm ein *solides handwerkliches Musikstudium* und *eine einwandfreie Technik im traditionellen Tonsatz* – und er beurlaubte die, wie er schrieb, *extraordinäre Erscheinung* nach Köln. Da Paiks Ideen weit über das hinausgingen, was traditionelle Komposition zu umfassen vermochte, glaubte Fortner ihn im Elektronischen Studio des Westdeutschen Rundfunks weit besser aufgehoben. Paik – noch unsicher und suchend – hatte durch die Begegnung mit John Cage Mut zu gewagteren Kompositionen gefaßt. Er ging nach Köln, wenn auch nicht ins Elektronische Studio. In Köln erwartete ihn eine musikalische Avantgarde und ein aufgeschlossenes Umfeld. Er begann, Aktionselemente in seine Tonbandcollagen einzufügen, und bald ging er in seinen neuen Stücken mit zum Teil destruktiver Gewalt gegen Musikinstrumente vor. Diese extreme Phase der »action music« dauerte von 1959 bis 1962 und trug ihm den Titel »Kulturterrorist« ein. Mit diesem Ruf kam er zur Fluxusbewegung, die sich 1962 formierte. Fluxus war in erster Linie eine intermediäre Aktionskunst. Sie entwickelte ihre Ausdrucksformen zum großen Teil aus der Musik und richtete sich gezielt gegen bürgerliche Kunstnormen. Es wundert nicht, daß John Cage auch ein wichtiger Mentor für Fluxus wurde. Paik gilt als ein bedeutender Vertreter innerhalb der Fluxusbewegung, obwohl die Aggressivität seiner Aktionsmusik alles andere als typisch für Fluxus ist. Stücke wie *Etude for Piano Forte* von 1960, in dem er ein Klavier umwirft, erschreckten selbst John Cage.

Schon zur Zeit der Wiesbadener Fluxus-Konzerte im Jahre 1962 begann Paik, seine Arbeit in eine ganz andere Richtung auszuweiten. Hatte er sich vorher für die Herstellung von Tonbandcollagen auf dem akustischen Gebiet mit Elektronik beschäftigt, so ging er jetzt daran, die visuellen Möglichkeiten der Elektronik auszuloten. Paik kaufte sich gebrauchte Fernsehgeräte und studierte deren Schaltdiagramme. Im Frühjahr 1963 stellte er die Ergebnisse seiner ersten Experimente in der Wuppertaler Galerie Parnass aus, die von dem Architekten Rolf Jährling geführt wurde.

Diese Ausstellung mit dem Titel *Exposition of Music-Electronic Television* markiert den Beginn der Videokunst.

Paik war damit endgültig ins Lager der Bildenden Kunst übergewechselt. Die Fernsehapparate, die wichtigste Exponatengruppe der Ausstellung, waren rein visuelle Objekte. Jedes Fernsehbild wies eine ganz bestimmte Störung auf, und einige der Geräte waren für eine Interaktion mit dem Besucher eingerichtet. Einer dieser Fernseher, der *Zen for TV,* hat in Repliken bis zum heutigen Tag überlebt. Bis zu dem, was man gemeinhin als Videokunst bezeichnet, war es jedoch noch ein langer Weg. Für die nächsten Jahre mußte sich Paik mit Objektmanipulationen begnügen. Eine ästhetisch sehr ansprechende Weise, das Fernsehbild zu stören, entdeckte er 1965 durch Billy Klüver, der zufällig einen Hufeisenmagneten in der Tasche hatte. Da die Elektronenstrahlen des Fernsehers ein elektromagnetisches Feld erzeugen, läßt sich dieses Feld durch Magneten ablenken, wodurch reizvolle Figuren und Muster entstehen.

Die wirklich einschneidende Neuerung des Jahres aber war die tragbare Videokamera mit Recorder. Die sogenannte »Portapak« von Sony kam 1965 auf den amerikanischen Markt. Paik, der seit beinahe zwei Jahren in New York wohnte, gehörte zu den ersten Käufern. Es schien ein neues Zeitalter angebrochen zu sein. Zum ersten Mal konnte jemand unabhängig von den Sendern die Technik des Massenmediums Fernsehen benutzen. Für ihn war es ein neues Werkzeug, das die herkömmlichen künstlerischen Techniken ersetzen würde. Die Möglichkeiten waren dabei nach heutigem Standard sehr begrenzt. Die Aufnahmen waren schwarz-weiß, und Schnittmöglichkeiten gab es kaum. Paik wollte farbige Bilder, die sich dazu noch manipulieren ließen.

Einen kleinen Schritt in diese Richtung unternahm er mit *Participation TV II.* Bei dieser Arbeit aus dem Jahr 1969 schloß er drei Videokameras an die drei Farbröhren eines Farbfernsehers an. Tonbandgeräte modulierten zusätzlich das eingehende Signal. Auf dem Bildschirm erscheinen die drei Kamerabilder leicht versetzt nebeneinander. Durch die Überlappung der roten, grünen und blauen Bilder entsteht eine reiche Palette von Mischfarben. Bei dem oberen Bild sieht man Paiks Kopf dreimal nebeneinander, bei dem unteren ist es seine langjährige Partnerin Charlotte Moorman mit ihrem Cello. Paik hatte mit *Participation TV II* eine weitere Möglichkeit der Bildmanipulation geschaffen. Seine Bedürfnisse nach einer Gestaltung des Videobildes gingen jedoch wesentlich weiter.

Zusammen mit den Künstlern Aldo Tambellini, Thomas Tadlock, Allan Kaprow, James Seawright und Otto Piene war Paik vom Bostoner Fernsehsender WGBH-TV eingeladen worden, eine experimentelle Sendung zu gestalten. Jeder Künstler erhielt eine Sequenz von fünf Minuten. Unter dem Titel *The Medium is the Medium* wurde diese Produktion im März 1969 ausgestrahlt und war damit eine der ersten von Künstlern gestalteten Sendungen. Paik hatte bei dieser Gelegenheit die Möglichkeiten professioneller Fernsehstudios kennengelernt. Er war von deren technischer Ausstattung beeindruckt, fühlte sich aber auch durch die Größe eines solchen Studios behindert. Ihm lag an einer Apparatur, die ihn unabhängig arbeiten ließ. Er hatte Fred Barzyk, den Programmdirektor und Produzenten bei dem Bostoner Sender, von seiner Idee eines Videosynthesizers überzeugen können. Mit dem Geld von WGBH-TV und der Hilfe des japanischen Elektronikingenieurs Shuya Abe begann Paik noch im selben Jahr seine Idee zu realisieren.

Der 1970 fertiggestellte Paik/Abe-Videosynthesizer erlaubte vielfältige Form- und Farbveränderungen des Videomaterials und war einer der ersten Videosynthesizer überhaupt.

WGBH-TV in Boston, die den Synthesizer auch finanziert hatten, luden Paik ein, damit eine vierstündige Livesendung zu machen. Sie fand im Sommer 1970 statt und hieß *Video Commune*. Das Gesamtwerk der Beatles stellte die Musik der Sendung, ansonsten war sie eine Collage aus vorproduziertem Material und Liveaufnahmen.

Für Paik war diese Zusammenarbeit mit Fernsehsendern äußerst fruchtbar. Er konnte hier Ideen auf einem hohen technischen Standard realisieren, auch wenn er die Schwerfälligkeit großer Studios als belastend empfand. Ohne WGBH-TV und den New Yorker Sender WNET-TV wäre es ihm finanziell gar nicht möglich gewesen, die nun entstehenden Videobänder zu realisieren. In den frühen 70er Jahren waren die Fernsehstationen in der Folge der gesellschaftlichen Veränderungen aufgeschlossen für Anstöße von außen und suchten zumindest punktuell die Mitarbeit von Künstlern. Paik entwickelte ansatzweise seine Formensprache bereits in den 60er Jahren, aber erst durch den Videosynthesizer und die Unterstützung der Fernsehsender kam sie zur vollen Entfaltung. Das von ihm gepflegte Collagenprinzip wurde durchgängig für alle weiteren Videobänder angewendet. Das Band *Global Groove* stammt aus dem Jahre 1973 und gilt als der Klassiker unter Paiks Videobändern. *Global Groove* ist zugleich ein Zwitter, denn es ist einerseits ein eigenständiges Videoband, das dafür gedacht ist, wie ein Film auf einem Monitor angesehen zu werden. Andererseits ist es das erste Videoband, das den Inhalt einer Installation bildet. Es ist die Installation *TV Garden*, bei der etwa 20 bis 30 Monitore, mit dem Bildschirm nach oben, verstreut zwischen tropischen Topfpflanzen liegen. Paik stellte den *TV Garden* 1974 zum ersten Mal aus, und seitdem zeigt diese Installation das Videoband *Global Groove*. In der Folge entstehen für die Videoinstallationen eigene Bänder, die weniger inhaltlich orientiert und mehr eine formale Ergänzung für die Installationen sind. *Global Groove* kann man als Prototyp für alle folgenden Bänder ansehen. Es ist eine Collage aus sehr unterschiedlichen Szenen, die zumeist von anderen Künstlern stammen oder auch Mitschnitte vom Fernsehen sind. Im Gegensatz zu vielen anderen Videokünstlern, macht Paik selbst nur selten Kameraaufnahmen. Gleich zu Anfang hört man das Motto nicht nur dieses Videobandes. Russell Connor spricht aus dem Off die Sätze: *Dies ist ein Blick auf eine neue Welt, in der es möglich sein wird, jedes Fernsehprogramm der Welt einzuschalten, und die Programmzeitung wird so dick sein wie das Telefonbuch von Manhattan.* Paik dachte dabei schon ganz konkret an die Kommunikationssatelliten, die erst Jahre später in großem Umfang die Fernsehprogramme um die Welt schickten. Sein direktes Modell aber waren die 13 Programme, die man in New York empfangen konnte.

Global Groove ist der künstlerische Entwurf eines Weltfernsehens. Man sieht Tänzer zu amerikanischer Rockmusik steppen, traditionelle koreanische Tänze, eine trommelnde und singende Navajo-Indianerin und einen afrikanischen Faustkampf. Neben solchen Beispielen verschiedener Kulturen taucht ein japanischer Werbespot für Pepsi-Cola auf, dann aber auch Szenen, die Paik und Charlotte Moorman bei einer Performance zeigen. Wir sehen sie bei der Aufführung von John Cages Komposition *26' 1.1499" for a String Player*.

Charlotte Moorman tritt auch mit dem »TV-Cello« auf, das Paik 1971 für sie entworfen hatte. Dieses Cello produziert nicht nur Klänge, sondern beeinflußt darüber hinaus die Bilder, die auf den drei eingebauten Monitoren laufen. Andere Künstler haben ebenfalls ihre Auftritte, wie John Cage, der Dichter Allen Ginsberg und das Living Theatre. *Global Groove* enthält außerdem viele Ausschnitte aus früheren Videobändern, etwa tanzende, abstrakte Muster oder den durch Magneten verzerrten Marshall McLuhan aus den 60er

Jahren. Paik verknüpft in dieser Collage ganz verschiedene Dinge und Welten. Den Zusammenhang schafft der Schnitt, der die Bilder in einen neuen Rhythmus bringt, und der Videosynthesizer, der mit Form- und Farbeffekten die Einzelsequenzen einander angleichen kann. Es werden keine Geschichten erzählt, sondern, wie beim Fernsehen üblich, unterschiedliche Informationen angeboten. Paik verbindet dabei Werbung mit Hochkultur, Popmusik mit Folklore. Unterhaltung hat den Zweck, dem Zuschauer Künstler vorzustellen und damit auch schwierigere und ungewohnte Inhalte zu vermitteln.

Mit *TV Garden* und dem Band *Global Groove* entsteht 1974 die neue Werkgruppe der Multi-Monitor-Installationen. Bei diesem Installationstyp zeigen skulptural oder geometrisch angeordnete Fernseher bzw. Monitore ein oder mehrere Videobänder. Nach *Global Groove* werden diese Videobänder immer abstrakter und schneller. Zunächst werden die Collagen noch mit dem Paik/Abe-Videosynthesizer elektronisch bearbeitet, die schnelle Entwicklung auf dem Video- und Computersektor beschert den Künstlern aber bald Schnittcomputer, die diese Funktion übernehmen.

Wir haben als nächstes Beispiel *V-yramid*, die zu den früheren Beispielen einer skulpturalen Installation gehört. 1982 wurde *V-yramid* im Whitney Museum, New York, ausgestellt und danach für die Sammlung angekauft. Ein Spezifikum sind die im Viererblock angeordneten Fernseher. Die Geräte sind dabei nicht einfach aufeinandergestapelt. Während das Gerät unten rechts richtig herum steht, steht das linke unten auf seiner rechten Seite, das darüber steht auf dem Kopf und der Fernseher rechts oben auf seiner linken Seite. Insgesamt zehn nach oben immer kleiner werdende Viererblocks sind im rechten Winkel zueinander aufgetürmt. Die kreisförmige Anordnung der Bildschirme erzielt einen ornamentalen Effekt. Von weitem läßt sich nicht mehr klar erkennen, welche gegenständlichen Bildabläufe gezeigt werden. Die schnelle Abfolge der unterschiedlichen Sequenzen verschmilzt zu einem Form- und Farbgeschehen, das durch die Drehung der Bildschirme wie ein Kaleidoskop wirkt.

Dieses Kaleidoskop-Prinzip findet sich auch bei dem im selben Jahr 1982 entstandenen *Tricolor Video*. In diesem Falle waren es 384 Fernsehgeräte, die als riesiges Rechteck mit den Bildschirmen nach oben den unteren Ausstellungsraum im Centre Pompidou in Paris ausfüllten. Paik hatte sich an der französischen Flagge, der Tricolore, orientiert. Das Monitorfeld gliedert sich in die Farben Blau, Weiß und Rot, wobei die acht verschiedenen Videobänder diagonal über die Fläche laufen. Die Farben entstehen durch entsprechendes Einstellen der Geräte. Durch die unterschiedlichen Videobänder und die verunklärenden Dominanzen in den Farbfeldern verschmilzt alles zu einem flackernden Lichterteppich.

Ein weiteres Beispiel für eine Viereranordnung der Monitore ist der *Double Face Arc*, den Paik 1985 wiederum im Beaubourg ausstellte. Die Installation hat die vereinfachte Form eines Tor- oder Triumphbogens. Die Monitore befinden sich auf beiden Seiten, wobei jede Seite jeweils zwei verschiedene Bänder zeigt. Ein fünftes Band bildet oben ringsherum den Abschluß. Die Monitore sind hier allerdings nur in der Architravzone kreisförmig angeordnet, bei den darunter stehenden korrespondieren zwei gleiche Bilder in der Diagonalen, wobei eines jeweils aufrecht steht, das andere auf dem Kopf. Im Standbild sieht man, daß sich Kontraste zwischen erkennbaren und durch die Bearbeitung stark abstrahierten Sequenzen ergeben. Von weitem betrachtet entsteht der Eindruck eines bewegten Ornaments.

Hatte der *Double Face Arc* durch seine freistehende Form skulpturale Qualitäten, so gibt es eine andere Gruppe von Installationen, die eine eher flächige, geometrische Wirkung entfalten. Es handelt sich um V-Formen bzw. auf die Spitze gestellte Dreiecke. Die erste trug den Titel *V-Matrix.* Paik stellte diese Arbeit 1983 in Chicago aus. Wieder entsteht die ornamentale Wirkung durch verschiedene Videobänder und eine rhythmisierte Anordnung der Fernseher. Bei den oberen drei Reihen sind die Fernsehschirme ins Hochformat gedreht, bei den unteren sieben Reihen liegen sie im Querformat. Die Komplexität ist dadurch erhöht, daß nach einem bestimmten Schema die Geräte richtig herum oder auf dem Kopf stehen. Eine entsprechende Verkabelung ermöglicht, daß die drei verschiedenen Videobänder die V-Form von außen nach innen gestaffelt sichtbar machen. Die Farbdominanzen liegen hier bei Blau, Rot und Grün.

Ein weiteres Beispiel für eine *V-Matrix* sehen wir hier. Diese Installation war 1988 in der Hayward Gallery in London ausgestellt. Die Struktur ist etwas einfacher, das V-Schema ist daher klarer zu erkennen.

Neben der skulpturalen Form und der geometrischen Matrix finden sich auch Großinstallationen wie der *TV-Trichter*, der 1984 in der Düsseldorfer Ausstellung »von hier aus« zu sehen war. Hier sind insgesamt 99 Fernsehgeräte in fünf sich nach oben hin verjüngenden Kreisen aufgehängt. Von außen gesehen ergibt sich so die Form eines Kegels von über 11 Metern Durchmesser und 16 Metern Höhe. Die Hauptansichtsseite aber erschließt sich von unten. Von hier wird der Blick über die kleiner werdenden konzentrischen Kreise in die Höhe geführt. Die schnell geschnittenen Bildcollagen lassen den Blick nicht haften. Dieser Bildtrichter übt einen Sog aus, der aber letztendlich in die Leere führt. Eine Installation wie *TV-Trichter* wird allein seiner Dimensionen wegen zu Architektur. Ein immaterialisiert erscheinender Bildraum, der den Blick fesselt, ohne wesentliche Informationen zu liefern.

Eine weitere Variante der geometrisch-flächigen Installation war auf der »documenta 8« im Jahre 1987 zu sehen. Die Installation *Beuys/Voice* war Paiks Freund Joseph Beuys gewidmet. Während die Seitenflügel dieses altarähnlichen Aufbaus schnell geschnittene Bildcollagen zeigen, sind in der Mitte Mitschnitte eines gemeinsamen Konzerts in Tokyo zu sehen. In diesem Falle war Paik der Inhalt so wichtig, daß er die Bildabläufe nicht aufsplitterte. Die Bearbeitung dieser Szenen ist vergleichsweise subtil. Durch eine Computersteuerung kann das Bild beliebig manipuliert werden. Mal füllt es die ganze Fläche aus, mal erscheint es auf den Einzelflächen.

Paik entwickelt die Multi-Monitor-Installationen, von denen wir einige Beispiele gesehen haben, seit 1974. Das Formenrepertoire hat sich dabei stetig erweitert. Im Gegensatz zu manchen anderen Künstlern, hat er das Fernsehgerät nie hinter Umbauten versteckt, sondern immer als sichtbaren Baustein der Installation verwendet. Dieses Prinzip wurde erst 1986 durchbrochen, als er Installationen entwarf, die alte Fernseh- und Radiogehäuse verwenden. Das Innenleben dieser antiken Gehäuse ist jedoch neu und unterscheidet sich nicht prinzipiell von den Bändern in anderen Installationen. Es entstand eine Roboterfamilie, die sich stetig vermehrte. Auch wenn die Installationen der vergangenen Jahre zum Teil barocke Formen annahmen, hat sich am Prinzip der Videobänder nichts verändert. Die Kombination von nostalgischem Gehäuse und High-Tech-Innenleben erwies sich als marktgerechter, als die puristischen Installationen ohne weiteres Beiwerk. Da aber kaum je eine entwickelte Form aufgegeben wird, werden wir wohl auch in Zukunft die puren Monitorinstallationen sehen können. Das bislang imposanteste Beispiel für eine Multi-Monitor-Installation befindet sich seit 1988 im Museum of Contemporary Art in Seoul, Korea. In der Form einer überdimensionierten Hochzeitstorte sind dort 1003 Fernsehgeräte aufgetürmt. Der Titel *The More the Better* ist als programmatisch für die Arbeitsweise des Künstlers anzusehen.

Mit großer Konsequenz entwickelte Paik ein Werk, das zwischen Skulptur und Fernsehen angesiedelt ist. Schon in den sechziger Jahren projektierte er Großinstallationen von 25 Monitoren und ein Fernsehen, das als »mood art«, als elektronische Tapete dient. Die Videotechnik war für Paik von Anfang an die große Herausforderung für die Kunst. 1965 schrieb er auf einem Flugblatt: *Wie die Collagetechnik die Ölfarbe ersetzt, wird die Kathodenstrahlröhre die Leinwand ersetzen.*

Die von ihm entwickelte Multi-Monitor-Installation ist eine Kunstform, die zwar weitestgehend der Skulptur zuzuordnen ist, aber doch wieder eigenen Gesetzen gehorcht. Es ist das Schicksal der Videokunst überhaupt, daß sie nicht restlos den anderen Kunstsparten zuzuordnen ist. Anders als andere technische Kunstmedien ist Video durch seine Herkunft vom Massenmedium Fernsehen geprägt und kann diese Herkunft nur selten vergessen machen. Paiks Installationen sind vor diesem Hintergrund zu sehen. Seine Bänder stellen sozusagen eine Parallelschöpfung dar, die das Fernsehen paraphrasiert. Das Collageprinzip des Fernsehens treibt er dabei auf die Spitze. Die Geschwindigkeit, mit der sich die Farb- und Formmetamorphosen vollziehen, erlaubt nur noch sehr grobe inhaltliche Zuordnungen. Erkennbare Einzelmotive, die über viele Jahre recycelt werden, haben kaum mehr als eine formale Bedeutung. Die Form wird zum Inhalt, ohne jedoch beliebig zu werden, denn das Bildgeschehen hat ein Thema und korrespondiert stets mit der äußeren Form der Installation. Die Videobänder zeigen neben dem schnellen Tempo auch die Möglichkeiten der jeweils neuesten Schnittcomputer, dabei hat aber die Entwicklung der Bänder seit den sechziger Jahren ihre immanente Folgerichtigkeit. Nicht Paik hat von MTV gelernt. Es scheint mir dagegen nicht unwahrscheinlich, daß die Musikclips einiges ihm zu verdanken haben. Paik hat stringent seine Konzeption einer visuellen Musik verfolgt. Die Gestaltung ästhetischen Materials im Verlauf von strukturierter Zeit hat sich bei ihm vom Akustischen ins Visuelle verkehrt.

Barbara Barthelmes

Das massenmediale Phänomen Videoclip als Gegenstand der Musikwissenschaft
Eine Kritik ihrer medientheoretischen Grundlagen

Seit seinem Erscheinen, seinem »Angriff auf unser Auge«, hat man – vom Feuilleton bis zur wissenschaftlichen Abhandlung – versucht, dem Videoclip in einer äußerst bildhaften, plastischen Sprache zu Leibe zu rücken. Formeln wie »mulitmediale Kanonade«, »Einlullung«, »Einpeitschung«, »Überrumplung«, »Bilderflut«, »visuelle Bombardierung«, »musikalische Strapse«, »eine Mischung aus Sex und Crime«, »visueller Orgasmus«, »Kampf zwischen Bildschirm und Nervensystem«, »Musik-Peepshow«, »Droge, Firlefanz und Feuerwerk« spiegeln dies eindrücklich.

Diese zufällig getroffene Auswahl verweist auf dreierlei: Erstens auf das beschriebene Phänomen selbst, wobei sich in den Vokabeln die typischen Eigenschaften des Mediums Videoclip spiegeln, schnelle Schnitte, die Verschiedenheit und Buntheit der Bilder, seine Werbefunktion für Musik, sowie einige der bevorzugten Inhalte. Zum zweiten fangen diese deskriptiven Formeln auch etwas weniger Konkretes, mehr Unterschwelliges ein. Wo immer vom Videoclip die Rede ist, geht es um Körper, Krieg und Betäubung. Und nicht zuletzt macht uns diese Wortwahl auf einen nicht zu unterschätzenden Umstand aufmerksam: Es scheint, als ob der Videoclip selbst den sachlichsten Wissenschaftler nicht kalt läßt. Welche Standpunkte hat die Musikwissenschaft zu diesem »heißen« Medium bezogen?

Der Schwerpunkt der musikwissenschaftlichen Auseinandersetzung mit dem Videoclip lag vor allem im Bereich der Wirkungsforschung. Ausgehend von dem klassischen Wirkungsmodell, das einen Kommunikator voraussetzt, der Stimuli aussendet, die, wenn sie den Rezipienten erreichen, bei ihm eine Reaktion auslösen – wird Wirkung als Veränderung des Wissens, der Einstellungen und des Verhaltens gemessen und auch definiert. Was den Videoclip betrifft, wurde im wesentlichen von einer negativen Einflußnahme ausgegangen.

Da im Videoclip, als postmoderner Reflex der Gesamtkunstwerktradition des 19. und frühen 20. Jahrhunderts, Musik und Bild synchronisiert werden, nahm die Frage nach dem Verhältnis von auditiver und visueller Wahrnehmung eine zentrale Stelle ein. Vom Film ausgehend entwickelte man ein Modell, das auditiver und visueller Wahrnehmung jeweils unterschiedliche Anteile der Aufmerksamkeit zuordnet. Zwischen dem Anteil visueller Aufmerksamkeit und dem auditiver bestehe ein komplementäres Verhältnis, das sich durch entsprechende Reize zugunsten des einen oder anderen Anteils verändern kann. So können zum Beispiel musikalische Momente wie Lautstärke, Dissonanzen, ausgeprägte Rhythmen, Taktwechsel usw. eine Betonung der auditiven Wahrnehmung hervorrufen. Umgekehrt stimulieren bestimmte bildnerische Gestaltmomente eine primär visuell geprägte Wahrnehmung[1]. Im Videoclip, so die Schlußfolgerung, verteile sich die Aufmerksamkeit von vorneherein zugunsten der visuellen Ebene. Weitgehend übereinstimmend ortete man daher in den Bildern der Clips, ihrer Machart und vor allem in ihren Inhalten ihre spezifische Wirkungspotenz. Die für den Clip typischen Gestaltmerkmale,

1 K.-E. Behne, *Zur besonderen Situation des filmischen Erlebens*, in: K.-E. Behne (Hg.), *Film – Musik – Video oder die Konkurrenz von Auge und Ohr*, Regensburg 1987, S. 7ff.

wie die extrem schnellen und vielen Schnitte, visuelle Verzerrungen, Verfremdungen, grelle Farbigkeit, Bildmischungen, bestimme nicht nur die Vorherrschaft der visuellen Ebene, sondern nütze auch eine Eigenheit unseres Gedächtnisses aus, derzufolge Inhalte über Bilder besser erinnert werden. Auditive und visuelle Wahrnehmung stehen sich also, so die Überlegung, bezogen auf die Rezeption von Videoclips in einem *Konkurrenzkampf um Wahrnehmungsanteile*[2] gegenüber, bei dem die Bilder die bessere Ausgangsposition innehaben. Dieses sich in den Vordergrundschieben der Bilder im Videoclip habe für die Musikwahrnehmung folgende negativen Effekte: Zunächst trete die Musik, gemeint ist eigentlich eine der Musik zugewandte und angemessene Wahrnehmung, immer mehr zurück und verkümmere zum Ornament. Durch die fremdbestimmte Zuordnung von bestimmten Bildern zu einem bestimmten Stück Musik werde das Assoziationsspektrum eingeschränkt und standardisiert. Und zwar derart, daß beim bloßen Hören von Musik die Lust zum Phantasieren, zur kreativ assoziativen Verarbeitung nicht mehr angeregt werde, vielmehr nur noch die bereits durch die Videoclips konditionierten Bildstereotypen abgerufen werden[3].

Die Spezifik der Videoclips überfordere die Informationsverarbeitungskapazität. Eine strukturierende Verarbeitung der Bilder sei nicht nur nicht intendiert, sondern angesichts dieses Tatbestandes gar nicht mehr möglich. Als Ausweg aus dieser von Reizüberflutung gekennzeichneten Wahrnehmungssituation biete sich nur noch die zerstreute Rezeption an, das Nebenbei-Hören und -Sehen. Oberflächlichkeit und Unkonzentriertheit, ja sogar Passivität sei davon die Folge und die Konsequenzen auf Denkprozesse, Verbalisierungsfähigkeit und Meinungsbildung bei Kindern und Jugendlichen kaum abschätzbar[4].

Es ist bekannt, daß der Videoclip just zu der Zeit zu boomen begann, als die Schallplattenindustrie einen Umsatzrückgang zu verzeichnen hatte. Wie die »traditionellen« Reklamespots auch, sollte der Clip als Werbung für Musik mit Musik einen Ausweg schaffen. Anfangs ist diese Rechnung der Industrie wohl auch aufgegangen. Die Strategie der Verführer war, sich über die immer neuen Bildwelten, über eine gesteigerte Imagebildung der jeweiligen Pop- und Rockprotagonisten bei den Jugendlichen einzuführen und den Konsum zu verstärken. Die Musikpädagogik hat angesichts dieser Interessenlage eine Manipulation und massive Einflußnahme auf die musikalische Geschmacks- und Urteilsbildung der Jugendlichen befürchtet. Die weitaus größte Gefahr wurde aber in den über die Bilder vermittelten Inhalten gesehen, denen man eine direkte Wirkung auf die Sicht- und Verhaltensweisen der Jugendlichen zuschrieb. Unterstützt wurde diese These durch inhaltsanalytische Untersuchungen[5], die ergaben, daß rein quantitativ die Bildinhalte Liebe/Sex und Gewalt vor allen anderen Themen wie zum Beispiel Angst, Computerisierung, Umweltschutz, Krieg, Isolation, Freundschaft, Generationskonflikt usw. rangieren. Zwar

2 K.-E. Behne ebenda S. 10

3 Siehe dazu H. Gembris, *Video-Clips*, in: *Jahrbuch der Deutschen Gesellschaft für Musikpsychologie*, Bd. 2, 1985, S. 169; K.-E. Behne, *Zur Rezeptionspsychologie kommerzieller Video-Clips*, in: K.-E. Behne (Hg.), *Film – Musik – Video oder die Konkurrenz von Auge und Ohr*, Regensburg 1987, S. 123; M. Sieber, *Videoclips – Ökonomie, Ästhetik und soziale Bedeutung*, in: *Medien und Erziehung* 4/1984, S. 200

4 W. Brudny, *Die vielen Bilder und das bißchen Wirklichkeit, Gedanken zu einer unaufhaltsamen Bildentwertung*, in: *Medien und Erziehung* 2/1984, S. 81

5 R.L. Baxter u.a., *A content analysis of Music Videos*, in: *Journal of Broadcasting electronic media*, Vol. 29 Nr. 3, 1985, S. 333-340; B.L. Sherman/J.R. Dominick, *Violence and Sex in Music Videos: TV and Rock 'n' Roll*, in: *Journal of Communication*, Vol. 36, Nr. 1, 1986, S. 73-93; J.D. Brown/ K. Campbell, *Race and Gender in Music Videos: The same beat, but a different drummer*, in: *Journal of Communication*, Vol. 31, Nr. 1, 1986, S. 94-106

muß man die Darstellung der Themen von Liebe/Sex und Gewalt im Videoclip von eindeutig pornographischen bzw. realistisch-gewalttätigen Darstellungen in Videofilmen unterscheiden. Im Videoclip wird eher angedeutet als konkret ausgeführt, die »Message« wird über Mode, Kleider, über im Tanz angedeuteten körperlichen Kontakt sowie durch Symbole transportiert. Dennoch wurde von den Pädagogen befürchtet, daß Rollenklischees verstärkt, sexistische Tendenzen offen zur Schau gestellt werden und daß wegen ihrer nur angedeuteten Darstellungsweise Gewalt entweder verharmlost oder verherrlicht werde. Manche Autoren[6] gingen sogar so weit zu behaupten, daß Videoclips Kinder und Jugendliche zur Gewalttätigkeit animieren und ihre Kriminalisierung herbeiführen könnten. Dies gelte ganz besonders für die Rezeption von Heavy-Metal-Videos.

Faßt man zusammen, welche Potenzen dem Videoclip zugeschrieben wurden, so ergibt sich insgesamt ein düsteres Bild von der kulturellen Identität des jugendlichen Musikhörers. Und das in einer Zeit, in der Jugendliche und Kinder angeblich immer mehr Zeit vor dem Fernseher verbringen. Haben sich diese Prognosen bewahrheitet? Können wir tatsächlich von einem so beschriebenen Einfluß der Videoclips auf Kinder und Jugendliche ausgehen?

Die hier in aller Kürze und komprimiert vorgestellten Hypothesen über die Wirkungen des Videoclips konnten im Rahmen der in der Musikwissenschaft erfolgten Untersuchungen nicht in dem prognostizierten Maße verifiziert werden. So kann man ganz allgemein nicht davon ausgehen, daß bestimmte Einstellungen und Verhaltensweisen ursächlich durch die von den Clips vermittelten Bilder verändert werden. Allenfalls werden bereits vorhandene Urteils- und Verhaltensdispositionen verstärkt. Wohl übt der Videoclip einen Einfluß auf die Einschätzung eines Musikstücks aus, allerdings sowohl im positiven wie auch im negativen Sinn. Durch das Betrachten eines Videoclips kann eine zuvor positive Beurteilung der Musik negativ beeinflußt werden, wenn der Clip, die Visualisierung nicht auf Gefallen stößt. Somit können Videoclips allein keine Vorlieben für ein bestimmtes Musikstück erzeugen bzw. damit zum Kauf animieren. Sie intensivieren höchstens bereits vorhandene Präferenzen[7]. Auch kann seit dem Auftauchen des Videoclips keine Verlagerung der musikbezogenen Aktivitäten zugunsten des »Musiksehens« und zu Lasten des »Musikhörens« konstatiert werden. Nach wie vor spielt Musikhören eine wichtige Rolle im Freizeitverhalten der Jugendlichen[8]. Selbst die befürchtete Einschränkung des Assoziationsspektrums hat sich nicht in dem prognostizierten Maße bestätigt[9]. Und die so eindrücklichen und medienwirksamen Untersuchungen Glogauers zur Kriminalisierung von Kindern und Jugendlichen durch die Medien müssen, laut neuerer Forschungen, relativiert werden[10].

Wenn nun die Prognosen über die Wirkungen von Videoclips und die Ergebnisse der Forschung so auseinandertreten, kann man da nicht auf eine Fehleinschätzung des Phänomens Videoclip durch die bisherige Rezeptionsforschung rückschließen? Wie erklärt sich diese Diskrepanz?

Daß der praktische Ertrag dieser Untersuchungen so gering ist bzw. sich in der sogenannten »Verstärkungshypothese« erschöpft, liegt daran, daß Medienwirkungen

6 W. Glogauer, *Beliebte Gestaltungselemente und Motive für den Konsum von Musikvideo Clips*, in: *Lehrer Journal, Hauptschulmagazin*, 12/1989, S. 47f.; W. Glogauer, *Delinquenz Heranwachsender durch Medieneinflüsse*, in: *Zeitschrift für Rechtspolitik*, 10/1990, S. 376-380

7 H. Springsklee, *Video-Clips – Typen und Auswirkungen*, in: K.-E. Behne (Hg.), *Film – Musik – Video oder die Konkurrenz von Auge und Ohr*, Regensburg 1987, S. 127-155

8 M. Altrogge/R. Amann, *Videoclips – Die geheimen Verführer der Jugend?* Berlin 1991, S. 37-38

9 H. Springsklee a.a.O.

10 M. Altrogge/R. Amann a.a.O., S. 172-175

isoliert von der sozial vermittelten Sicht der Menschen auf die Medien untersucht werden. Die Vorstellung einer *eindimensionalen Kausalität zwischen den von den Medien präsentierten Inhalten und dem Verhalten der Rezipienten* hat sich als ein der Realität nicht adäquates Erkenntnismodell erwiesen. Daher plädiert die Medienforschung dafür, nicht nur die sozialen Hintergründe der Rezipienten zu berücksichtigen, sondern zu fragen, welche verschiedenen Nutzungsfunktionen die Medien für die Menschen haben können, welche Bedürfnisse mit ihnen befriedigt werden und in welchem lebensweltlichen und medialen Kontext sich der Gebrauch von Medien abspielt[11]. Ausgangspunkt sollte nicht mehr der passive Rezipient sein, auf den ungeschützt die Kanonade der Medien niederprasselt, sondern der aktive Nutzer, der sich im Gebrauch von Medien, seinen sozialen und kulturellen Bedingungen entsprechend, nach seinen Bedürfnissen orientiert. Was den Umgang mit Videoclips betrifft, so wurden bislang wichtige Aspekte ausgeklammert.

Auch Videoclips werden nicht nur passiv konsumiert, sondern sind Bestandteil des Freizeitverhaltens der Jugendlichen, die dieses aktiv gestalten. Die Zuwendung zum Medium Fernsehen und innerhalb dieser Nutzung die Entscheidung für Musiksendungen, in denen Videoclips gesendet werden, ist eingebettet in den Kontext jugendlicher Lebenswelten. Und das Fernsehen bzw. das Sehen von Videoclips wiederum betreffen nur einen Bestandteil der umfassenderen Medienwelten, in denen sich die Jugendlichen einschreiben. Um zu einer annähernden Einschätzung der sozialen und perzeptiven Bedeutung von Videoclips zu kommen, muß man nicht nur den jugendkulturellen Rahmen, sondern auch den medialen Kontext, in dem die Rezeption von Videoclips angesiedelt ist, mit einbeziehen. Dies beinhaltet folgende Fragen: In welchem Verhältnis steht das Videoclips-Sehen zur gesamten Zeit, die vor dem Fernseher verbracht wird? Wie verhält sich die Videoclip-Rezeption zu anderen Medienaktivitäten wie Musikhören, Lesen, Computern, Telespiel, Kino- und Discobesuch? In welcher sozialen Form spielen sich diese Medienaktivitäten ab und in welcher medialen Umwelt? Wie greifen die unterschiedlichen Medien und die konkreten Lebenszusammenhänge Jugendlicher ineinander?

Meine Kritik bezieht sich, außer auf den Wirkungsbegriff, der den meisten Diskussionen über die Rezeption von Videoclips zugrunde liegt, auch auf das Modell audiovisueller Wahrnehmung, das eine Rezeption des »Videoclips als ästhetischem Objekt« vernachlässigte, wenn nicht gar bewußt ausklammerte. Denn angesichts der düsteren Prognosen konnte sich eine Position, die den Videoclip unter ästhetischen Gesichtspunkten betrachtet, nur schwer legitimieren. Die Rekonstruktion seiner eigenen medialen Geschichte von den ersten bewegten Bildern bis hin zur Video- und Computerkunst, das Ausgraben seiner Wurzeln in der Kunst des 20. Jahrhunderts, insbesondere der Musikalisierung der Malerei und in den synästhetischen Tendenzen, die Debatte um seinen Kunstcharakter, all das erschien als ein akademisches, sich in der Ästhetisierung des Phänomens erschöpfendes Unterfangen, das die drohenden Gefahren für die Jugendlichen nur bagatellisiere.

Es ist zu überlegen, ob nicht, ungeachtet seiner manipulativen Strategien, aus der Ästhetik des Videoclips selbst Hypothesen über die ihm entgegengebrachte Wahrnehmungshaltung formuliert werden können.

Die klassische Fragestellung der Kunstbetrachtung ist die nach dem Verhältnis von Form und Inhalt. Beides hängt von dem für die jeweilige Kunstgattung spezifischen

11 D. Baacke/W. Sander/R. Vollbrecht, *Lebenswelten sind Medienwelten*, Opladen 1990

Material ab. Die wechselseitige Abhängigkeit von Material und künstlerischer Technik bestimmt die semantische Dimension, die ein gewähltes Sujet bekommt.

Bei dem Material, mit dem die Videoclipregisseure arbeiten, handelt es sich zum überwiegenden Teil um von unterschiedlichsten Produzenten hergestellte Bilder, die sich sozusagen in unserem kollektiven Gedächtnis angesammelt haben. Dieses Reservoir, vergleichbar einer Bilddatenbank, beherbergt unterschiedslos nebeneinander die Inkunabeln der Kunst des 20. Jahrhunderts, des abstrakten Films, bestimmter Filmgenres und -stile (Revuefilme, Western, Film noir) neben den auf massenmediale Verbreitung hin angelegten der TV-Rockmusik-Shows, Comic- und Zeichentrickfilmkultur, Werbung, Computer- oder Videospiele.

Der Umgang mit diesen Bildwelten unterschiedlichster Herkunft ist nicht in erster Linie literarisch – es geht nicht darum, den Inhalt eines Songs mit Bildern zu illustrieren –, sondern vielmehr metaphorisch. Es ist im Videoclip, wie übrigens auch in der Werbung, eine spezifische Bildsprache entstanden, die sich durch eine phantastische surrealistische Logik auszeichnet.

Selbst wenn, wie in manchen einfachen, künstlerisch nicht ambitionierten Clips, filmisches Gestalten bzw. Erzählmodus ins Medium übertragen wurde, so z.B. im reinen Performance oder narrativen Clip, basiert die dem Medium eigene Darstellungsweise auf einem nicht-linearen, nicht narrativen Prinzip. Dabei greift der Clip – als ein genuines massenmediales Produkt der Pop- und Rockkultur – auf die kulturelle Technik der Stilbildung zurück. Diese Kulturtechnik, die auch mit dem von Levi-Strauss entlehnten Begriff der »Bricolage« = Bastelei bezeichnet wird, hat im jugendkulturellen Kontext die Funktion, Gruppenidentität zu stiften und Abgrenzung zu anderen Gruppen und Stilen zu ermöglichen. Stilschöpfung als kreativer symbolbildender Prozeß ist kunsthistorisch den künstlerischen Praktiken der Avantgarde verwandt; als solcher stiftet er Sinn, wirft alte Ordnungen um, interpretiert sie neu, stellt Altes in neue Zusammenhänge.

Da Jugendliche selbst ihre Selbstfindung, Selbstdarstellung und Identität nach diesem Verfahren organisieren, die musikalischen Aktivitäten, sei es Musikhören, -machen oder -sehen, im Kontext jugendkultureller Verortung stattfinden, liegt es dann nicht nahe, auch von einer vergleichbaren Wahrnehmungsstrategie in bezug auf Videoclips auszugehen? Das hieße, der jugendliche Rezipient von Videoclips empfindet vielleicht gar nicht so das visuelle Bombardement, fühlt sich gar nicht hilflos der Bilderflut gegenüber, sondern selektiert entsprechend seines kulturellen und sozialen Planes die Bildwelten und Symbole, die seinen momentanen stilbildenden Bedürfnissen entgegenkommen, die sich homolog zu seiner Lebenswelt verhalten.

Dieses freie Spiel der Signifikanten, der inkoherente Bilderfluß, das heißt die Musikalisierung der Bilder, bekommt durch die Video- und Computertechnik eine neue Qualität. Im Unterschied zur Filmtechnik ermöglicht die Videotechnik die Manipulation jedes einzelnen Punktes des Monitorfeldes. Durch den Einsatz von Videosynthesizern, Computern und Special Effect Generatoren können Videobilder synthetisch in fast unbegrenzter Farb- und Formenvielfalt erzeugt werden bzw. das bereits gebrauchte oder vorfabrizierte Bildmaterial elektronisch bearbeitet und miteinander verwoben werden. So kann man Bilder perspektivisch quetschen, verschieben, kippen, durch Wipe-Effekte verändern. Durch die digitale Technik sind der Entgrenzung des Darstellungsraumes kaum Grenzen gesetzt. Räume können beliebig bewegt, verformt, sphärisch gedreht, gekrümmt, rotiert, verkleinert und vergrößert werden. Der Videoclip handelt also nicht mit Abbildern der Realität, sondern liefert Bilder und Bildwelten, die aus der medienspezifischen Bearbeitung bereits vorhandener Bilder hervorgegangen sind. Selbst ein einfacher Performance-Clip trennt sich von der Ebene des filmischen Abbilds eines Konzertmitschnitts, sobald er mit Fotos, Sequenzen z.B. aus Nachrichten oder Dokumentarfilmen montiert und graphisch überarbeitet wird. Was diesen Punkt nun anbelangt, so hat sich die wissenschaftliche Betrachtungsweise stellenweise naiver verhalten als die Clips, die Videoregisseure und ihre jugendlichen Rezipienten, indem sie davon ausging, die Inhalte der Clips würden sich gleichsam als realistisches Abbild auf der Netzhaut bzw. im Gedächtnis einprägen. In vielen Videos wird vorgeführt, geradezu thematisiert, daß die Wahrheit nicht in den Bildern als Abbild der Realität liegt, sondern im Spiel mit den Bildern. In ästhetischer Form wird die Warenästhetik selbst kritisiert.

Ist dieser Ästhetik überhaupt noch ein Wahrnehmungsmodell adäquat, das einer Wahrnehmungsebene, der visuellen, die Vorherrschaft einräumt und dem Höreindruck wie dem Seheindruck jeweils eine eigene Verarbeitungs-Spur zuweist?

Könnte es nicht sein, daß die Wahrnehmung sich weniger in eine auditive und visuelle Schicht aufspaltet als in unterschiedliche Wahrnehmungseinstellungen, sozusagen in Oberflächen- und Tiefeneinstellung? Die Tiefeneinstellung wäre dadurch charakterisiert, daß sie von den Merkmalen des Mediums abstrahiert und ausschließlich die Informationen – sei es die der Bilder oder der Musik – organisiert und verarbeitet. Die Oberflächeneinstellung verarbeitet dagegen die Merkmale des Mediums, die spezifische Sprache, in der Bilder bewegt und kombiniert werden, in der die Musik nicht analog neben den Bildern läuft, sondern in deren Musikalisierung aufgehoben ist. Dies würde bedeuten, daß sich die Wahrnehmung von Videoclips und ihren Inhalten nicht mehr im Rahmen der Unterscheidung zwischen Realität und Fiktion vollzieht, sondern zwischen Konkretion und Abstraktion. Die Abstraktion bestünde dann darin, daß die imaginierten komplexen und semantisch offenen Bildwelten auf Begriffe wie Liebe/Sex und Gewalt reduziert werden.

Daß sich die Rezeption von Videoclips in diese Richtung bewegt, deutet sich durch die Ergebnisse einer 1991 von Michael Altrogge und Rolf Amann veröffentlichten Untersuchung zu *Struktur und Nutzung und Bewertung von Heavy Metal-Videoclips* an. Es stellte sich dort heraus, daß vor allem *die Musik die Zugangsmodalität für die Wahrnehmung und Akzeptanz der meisten Videoclips*[12] darstellt. Dies erklärt sich vor allem aus der wichtigen Rolle, die die Musik im Prozeß der jugendlichen Identitätsbildung, d.h. im kulturellen Kontext, einnimmt. Dieser organisiert nicht nur die Wahrnehmung der unterschiedlichen Inhalte, sondern auch deren Bewertung. Ein weiteres entscheidendes Ergebnis dieser Arbeit betrifft die Wahrnehmung der unterschiedlichen Komponenten eines Clips wie Musik, die Bilder, den Inhalt und die Bildtechnik und deren Verhältnis zueinander. Altrogge zieht aus seinen Daten den Schluß, daß *der Bildinhalt* [...] *bei der Bewertung von Videoclips nur eine untergeordnete Rolle spielt. Musik und Filmtechnik tragen stärker zur Bewertung der Videoclips bei als die Bilder*[13]. Eine weitere Befragung, die auf die Art der Wahrnehmung und Beurteilung der Clips hinsichtlich ihres Stils, Thematik, Moral und Ästhetik abzielte, erhärtete die sich oben abzeichnende Tendenz: Die Akzeptanz von Videoclips beinhaltet in keiner Weise, daß mit der positiven Beurteilung von Musik und Bild auch eine Akzeptanz der in den Bildern gezeigten Verhaltensweisen verbunden ist. Die Brisanz seiner Ergebnisse liegt vor allem darin, daß der Gegenstand der Untersuchung ja

12 M. Altrogge/R. Amann a.a.O., S. 181
13 ebenda, S. 109

in der Frage nach der Nutzung von Heavy Metal-Clips bestand, denen an vorderster Stelle jugendgefährdende Wirkungen zugeschrieben wurden.

Jugendliche sind also sehr wohl in der Lage, in ihrer Wahrnehmung zu differenzieren, und zwar, laut Altrogge, hinsichtlich der Darstellungsmodalitäten und dem Dargestellten. *Nicht was im einzelnen, sondern wie es dargestellt wird, ist danach letztendlich für die Akzeptanz entscheidend*[14]. Der jugendliche Videoclip-Konsument nimmt die Videoclips ihrer Technik und medialen Sprache adäquat wahr, und er unterscheidet zwischen den konkreten, ästhetischen Medienwelten im Clip und abstrahiert davon die transportierten Inhalte, die er entsprechend seiner kulturellen Identität moralisch bewertet.

Er verhält sich dabei ganz so wie ein beflissener Kunstbetrachter zum Beispiel vor dem Portrait Heinrich des VIII. von England von Hans Holbein d.J. Er wird die unglaubliche Fertigkeit des Malers bewundern, wie er die Physiognomie des Portraitierten auf die Leinwand gebannt hat, wie er die haptischen Qualitäten von Samt, Fell und Brokatstoffen mit Farben simulierte, und von der Tatsache absehen, daß dieser Potentat immerhin zwei seiner sechs Frauen hat hinrichten lassen.

Die Heftigkeit, mit der in der Musikwissenschaft auf das Phänomen Videoclip reagiert wurde, belegten die eingangs zitierten Vokabeln. In ihnen drückt sich nicht nur die Sorge um die unkontrollierbaren Wirkungen der Medien aus, sondern auch ein Unbehagen über die geringe Reichweite bislang gebräuchlicher Erkenntnis- und Deutungsstrategien. So interpretierte ich die in den beschreibenden Formeln aufscheinende Körperlichkeit als eine Methapher dafür, daß selbst einer kritischen Position kaum mehr Distanz möglich ist. Die Metaphorik des Körperlichen verdrängt die optische Metaphorik eines theoretischen Ideals, das sich in Begriffen wie Erkenntnis, Aufklärung, Einsicht äußert. *Die Distanzleistung der Anschauung ist nicht länger das Maß der neuen Medien, deren Taktilität dem »ursprünglichen Wirkungsprinzip der Infiltration oder Subversion« verwandt ist*[15]. Auch das Gewahrwerden einer allgemeinen Betäubung geht mit zwingender Konsequenz aus der neuen Technologie, aus der im Clip sichtbar werdenden Entäußerung unseres zentralen Nervensystems hervor. Um sich vor dem Schock zu schützen, den eine Erkenntnis dieser Entäußerung zur Folge haben würde, wird medienästhetische Anästhesie betrieben. Und der wissenschaftliche Diskurs über den Videoclip macht letztendlich deutlich, daß wir uns in einer Art Kriegszustand befinden. Krieg ist hier, ganz im Sinne McLuhans, ein Prozeß, in dem es darum geht, ein Gleichgewicht zwischen ungleichen Technologien zu schaffen.

14 ebenda, S. 160
15 Norbert Golz, *Theorie der neuen Medien*, München 1990, S. 123

Christoph Metzger

Wahrnehmen und Lernen im frühkindlichen Umgang mit dem Fernsehen

1. Mediensituation der Kinder

Einleitung

Es ist bekannt, daß die ständig wachsende Zahl der Sendeanstalten seit einigen Jahren zu einer veränderten Medienlandschaft geführt hat. Im Zusammenhang mit dieser Entwicklung steht auch die Programmsituation des Kinderfernsehens. So liegt im Bereich der Nachmittagsprogramme, die speziell auf die Fernsehgewohnheiten von Kindern und Jugendlichen abgestimmt sind, seit der Einführung der privaten Sendeanstalten eine veränderte Marktstruktur vor. Waren es in den 1970er und frühen 1980er Jahren noch die beiden öffentlich-rechtlichen Sendeanstalten ARD und ZDF, die sich um die Gunst der Zuschauer des Nachmittagsprogramms bemühten, so sind es seit Mitte der achtziger Jahre inzwischen fast zwanzig Sendeanstalten, die national per Kabel zu empfangen sind. Via Kabelanschluß und weltweitem Satellitenempfang steht den Kindern eine schier unüberschaubare Fülle von Empfangsmöglichkeiten zur Verfügung. Doch es ist bekanntlich ein weiter Weg von dem technischen Empfangen einer Sendung bis zu ihrer Verarbeitung durch den Rezipienten. Über die Programmpalette der Sendeanstalten zu sprechen ist verhältnismäßig einfach, über das komplexe Feld der psychischen Aufnahme und Verarbeitung zu sprechen dagegen nur bedingt und nur bei relativ eng abgegrenzten Personengruppen möglich. Empirische Untersuchungen sind hilfreich und notwendig, um sich ein Bild über die Verbreitung von Sendungen zu machen. Welchen Stellenwert nehmen jedoch die Einschaltquoten ein, wenn man nach den Umständen fragt, unter denen Kinder fernsehen? Die Verarbeitung des Fernsehangebotes hängt in erster Linie von dessen Nutzung ab. Wobei hier ein eher äußerlicher Aspekt benannt wird, wenn man bedenkt, daß die Medienwahrnehmung als eine kognitive Leistung im Gehirn stattfindet. Medienwahrnehmung, Medienanalyse, Kognition: Begriffe, sprachliche Schnittstellen, um sich dem anzunähern, was durch die Prozesse der Wahrnehmung an verschiedenen Orten des Gehirns gleichzeitig aktiviert wird. Doch bleiben wir auf der Ebene der traditionellen Begriffe der sprachlichen Beschreibung von Wahrnehmungsprozessen. Ich möchte der Behandlung des Themas etwas von der Aura nehmen, die vielleicht aufkommen mag, wenn die Begriffe »Wahrnehmen« und »Lernen« ohne den Kontext, auf den sie sich beziehen, diskutiert werden. Die Prozesse, die innerhalb des Gehirns stattfinden, sind von schier unvorstellbar komplexen Schaltbezügen und verlangen nach einer kompetenten Darstellung durch einen Physiologen. Sicherlich sind sie nicht mein Thema, dennoch sollte man sie nicht unterschlagen[1].

Die Behandlung des Themas versucht zunächst, einen empirischen Aspekt, nämlich den der Mediennutzung insgesamt, mit den Einschaltquoten des Kinderfernsehens darzulegen. In einem zweiten Schritt werden verschiedene Beispiele des Fernsehens für Kinder vorgestellt und auf ihre mögliche Wirkung hin betrachtet. Auf der Ebene von unterschiedlichen Zeichentrickproduktionen soll neben den Beispielen aus traditionellen Programmblöcken des Kinderfernsehens wie der *Sendung mit der Maus* auch der reine Zeichentrickfilm vertreten sein. In einem dritten Schritt werde ich dann eine Analogiebildung versuchen, die einen möglichen Zusammenhang zwischen einer bestimmten Art von Zeichentrickfilm mit der Entsprechung innerhalb der frühkindlichen Wahrnehmungsschemata herzustellen versucht. Die Argumente der frühkindlichen Wahrnehmungsschemata leite ich dabei zum einen aus der Entwicklungspsychologie (Piaget) ab und verbinde sie zum anderen mit Argumenten, die neuerdings seitens der Medienpsychologie (Hertha Sturm) diskutiert werden. Zurückgreifen kann ich dabei auf die Ergebnisse, die von H. Sturm im Hinblick auf eine rezipientenorientierte Mediendramaturgie (1991) erarbeitet wurden.

a. Zur Mediennutzung

Zunächst soll eine allgemein ausgerichtete Untersuchung über das generelle Medienverhalten von Kindern und Jugendlichen herangezogen werden, um sowohl die Verteilung der Mediennutzung insgesamt zu verdeutlichen, als auch den überproportional großen Anteil, den das Fernsehen dabei einnimmt, zu präzisieren. Als nächster Schritt wird dann die Verteilung der Nutzung auf die einzelnen Fernsehanstalten dargestellt.

Es zeigte sich, wie eine 1990 durchgeführte Untersuchung von ZDF und ARD zum Medienverhalten von Kindern im Alter von 6-13 Jahren ergeben hat, daß sich die Nutzung des Fernsehangebotes von 71 % (1979) auf 77 % gesteigert hat. Diese Zahlen beziehen sich auf die alten Bundesländer. In den neuen Bundesländern liegt die Quote der Fernsehnutzung bei Kindern dieses Alters bei 91 %. In der Skala der am häufigsten ausgeübten Mediennutzung im Westen Deutschlands folgen dann mit 28 % Lesen, 23 % entfallen auf das Hören von Radio, Schallplatten und Kassetten. Auf das Sehen von Videofilmen entfallen 8 %. Im Osten Deutschlands verteilt sich die Nutzung der Medien auf 44 % Radio, 35 % Lesen und 25 % auf das Hören von Schallplatten und Kassetten. Die durchschnittliche Nutzungsdauer des Fernsehens betrug in Westdeutschland täglich 95 Minunten gegenüber 125 Minuten in Ostdeutschland, die durchschnittliche Nutzungsdauer des Radios 19 Minuten in Westdeutschland und 35 Minuten in Ost-

1 Schmidt J.S., *Gedächtnisforschung, Positionen, Probleme, Perspektiven*, in: *Gedächtnis. Probleme und Perspektiven der interdisziplinären Gedächtnisforschung*, Frankfurt, 1991, S. 12ff.: *Das menschliche Gehirn besteht aus etwa einer Billion (10^{12}) Nervenzellen, die untereinander mindestens eine Trillion (10^{15}) Verknüpfungspunkte, Synapsen, haben. Jede dieser Synapsen hat sehr viele, vielleicht 100 Freiheitsgrade. Das bedeutet, daß die Kapazität des Gehirns als eines Netzwerks praktisch unbegrenzt ist. Das Gehirn besteht aber nicht einfach aus einem riesigen Netzwerk von einer Billion Nervenzellen, sondern diese Nervenzellen sind in den unterschiedlichen Teilen des Gehirns in sehr unterschiedlicher Weise in Areale, Schichten, Kerne, Unterkerne, Kolumnen usw. geordnet. Dazu kommt, daß es ca. 100 verschiedene morphologische Typen von Nervenzellen besitzt, die zudem alle eine spezifische Kombination von Stoffen zur Erregungsübertragung und Aktivitätsmodulation, nämlich Transmitter und Neuropeptide besitzen und mit anderen Nervenzellen in spezifischer Weise verknüpft sind. Das Gehirn ist überwältigend komplex, aber zugleich überwältigend geordnet.*

deutschland. Die durchschnittliche Nutzungsdauer, die auf Lesen, Schallplatten- und Kassettenhören entfiel, lag in West- und Ostdeutschland gleichermaßen bei 19-20 Minuten. Lediglich 6-8 Minuten täglich entfielen schießlich auf das Sehen von Videos. Diese Zahlen wurden im Rahmen einer Umfrage bei repräsentativen Gruppen unterschiedlicher sozialer Herkunft ermittelt. Befragt wurden insgesamt über 4600 Personen, wobei die Hälfte Kinder waren. Die Bewertung der einzelnen Mediennutzungen seitens der Eltern erbrachte für das Fernsehen eine deutlich niedrigere Wertschätzung in bezug auf den pädagogischen Nutzen als beispielsweise Bücher, Zeitschriften und Comics lesen, sowie Platten, Kassetten und Radio hören. In der Gegenüberstellung der Fernsehnutzung durch die Kinder und der Wertschätzung dieser Tätigkeit durch die Eltern (Abb. 1[2]) besteht offensichtlich eine Diskrepanz.

Abb. 1

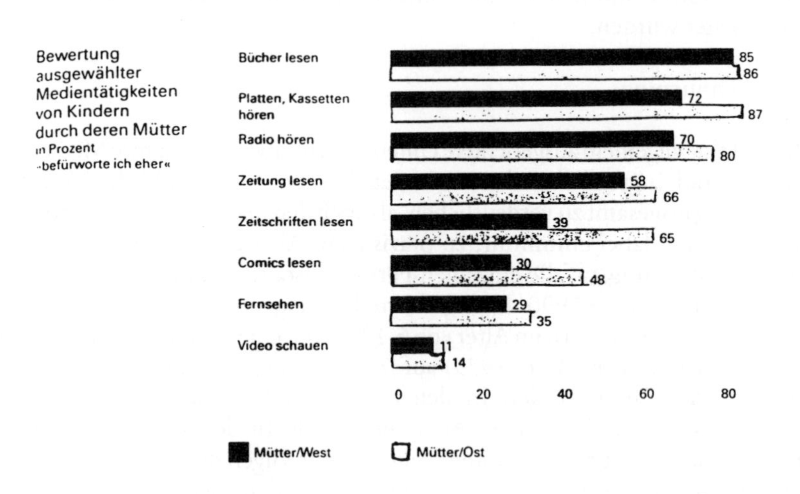

Die Hauptnutzungszeit des Fernsehens lag dabei von Montag bis Donnerstag zwischen 16.30 und 20.30 Uhr. Die Studie ergab weiter, daß bei den Präferenzen in der Programmwahl je nach Altersstufe unterschiedliche Schwerpunkte gesetzt wurden. Dabei zeigte sich eine überproportionale Beliebtheit bei den Jüngeren (bis 6 Jahre) für Zeichentrickprogramme und Tiersendungen sowie für Werbung. Von älteren Kindern werden besonders actionbetonte Programme und auch Wissenschafts-, Technik- und Sportsendungen bevorzugt (ab 11-13 Jahren). Jungen zeigen Vorlieben für actionbetonte Programme und im höheren Alter dann für Informationssendungen, Mädchen hingegen bevorzugen Quiz- und Showsendungen, sowie im höheren Alter Liebes- und Heimatfilme (Abb. 2[3]).

2 Imme Horn, *Kinder und Medien*, *ZDF-Jahrbuch '91*, Mainz 1992
3 Imme Horn, ebenda, S. 277

Inwiefern diese Präferenzen von den Eltern beeinflußt sind, kann hier nicht beurteilt werden. Rollen- und Fernsehverhalten der Eltern sind jedoch von großer Bedeutung für die Nutzung des Fernsehangebotes durch die Kinder[4]. So zeigte sich bei Einführung der ZDF-Folge *Logo*, ein Nachrichtenprogramm für Kinder, daß 60 % von 700 Kindern, die zu der Folge in der Schule interviewt wurden, diesen Programmpunkt als »wichtig bis sehr

Abb. 2 Fernsehprogrammpräferenzen
(Beliebtheit)

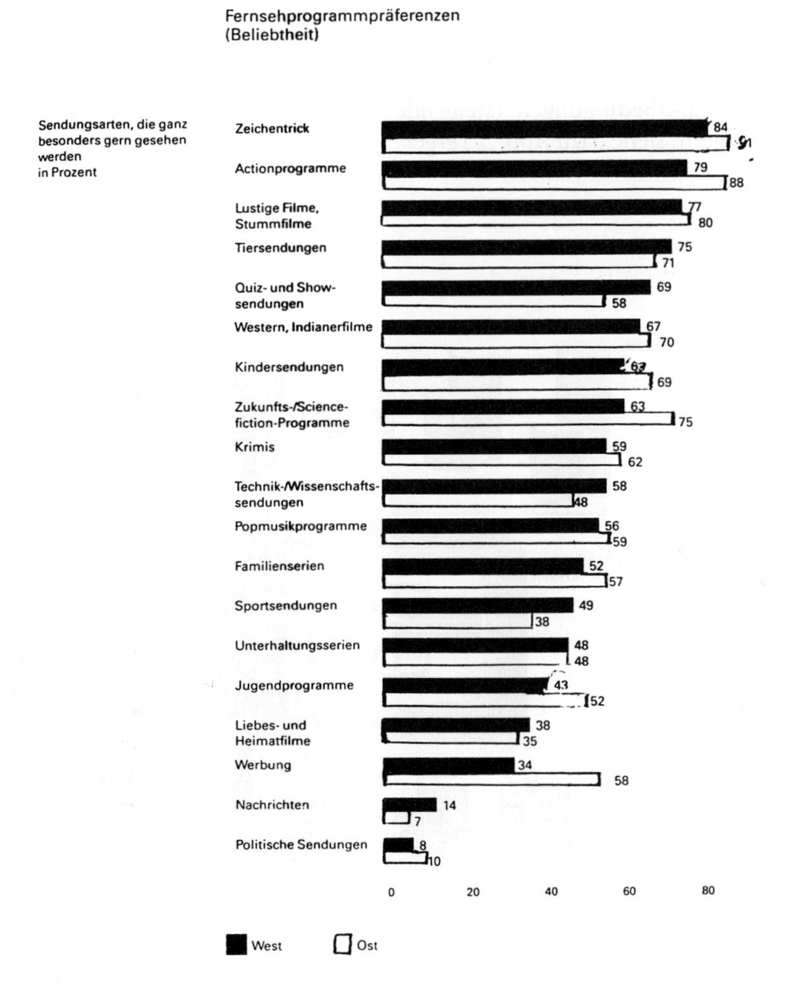

4 Vgl. dazu Dieter Prokop, *Soziologie des Films*, Frankfurt/Main 1982. Hier werden sozialspezifische Gewohnheiten der Filmrezeption sehr detailliert dargelegt. Die Ergebnisse ähneln denen der neueren Fernsehnutzung.

wichtig« einschätzten. In der Sendung *Logo* finden sich für Kinder interessant aufbereitete Kurzbeiträge über Schule, Sport und Politik. Bei der positiven Beurteilung von *Logo* liegt die Vermutung nahe, daß die Wertvorstellung der Erwachsenen übernommen wird[5]. Hier wurde offensichtlich eine Lücke im Kinderprogramm entdeckt, die mit einem besonderen Bildungsprestige verbunden sein mag.

Eine weitere Untersuchung der ZDF Medienforschung (1992) zur Beachtung des ZDF-Kinderprogramms durch Kinder in Kabel-/Satelliten-Haushalten zeigte deutlich, daß das Angebot an Sendungen der Privaten in besonders starkem Maße auf die Präferenzen der Medieneinsteiger abgestimmt ist. Zeichentrickfilme dominieren das Angebot, pädagogisch ausgerichtete Programme haben so gut wie kein Gewicht. Die Medienforscherin I. Horn bemerkte zu dieser Situation: *Durch die generelle Unterhaltungsorientierung bei den privaten Anbietern (Vielzahl von Serien und Spielfilmen) hat auch deren sonstiges Angebot bei Kindern häufig eine höhere Attraktivität als das öffentlich-rechtliche Programmangebot*[6]. Eine Veränderung in der Fernsehnutzung, die sich durch die verschärften Marktbedingungen (steigende Zahl der Haushalte mit Satelliten- und Kabelempfängern, siehe dazu Abb. 3[7]) ergeben hat, erbrachte folgende Positionen bei der

Abb. 3

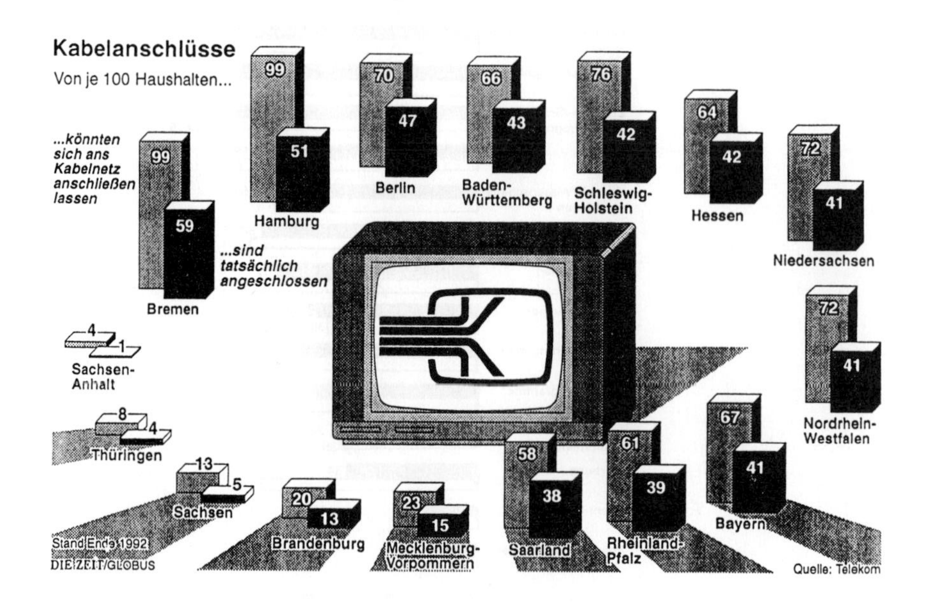

5 K. Neumann, *Kinder mögen Nachrichten*, in: *Kinderfernsehen - Fernsehkinder*, Bundeszentrale für politische Bildung, Bonn 1991, S. 224

6 Imme Horn, *Paper der ZDF-Medienforschung, Nutzungsdaten I. Halbjahr 1992*, Mainz, den 25.11.1992 (unveröffentlicht)

7 *Die Zeit*, Nr. 10, 5. März 1993 (Quelle: Telekom Ende 1992)

Gruppe der Kinder bis 13 Jahren in dem Zeitraum von Montag bis Sonntag 6.00 bis 6.00 Uhr: Das ZDF liegt mit einem Marktanteil von 9,4 % an 6. und damit letzter Stelle, ARD an vierter Stelle mit einem MA von 12,2 %. Spitzenreiter ist RTL plus mit 21 % MA, gefolgt von Pro 7 und Tele 5 mit je 15 % MA (an vorletzter Stelle SAT1 mit 11,2 % MA). Hier ist hinzuzufügen, daß die Einschaltquoten unter der Woche (Montag bis Donnerstag Abb. 4[8]) variieren.

Abb. 4 ZDF- Auswertung von GfK-Daten

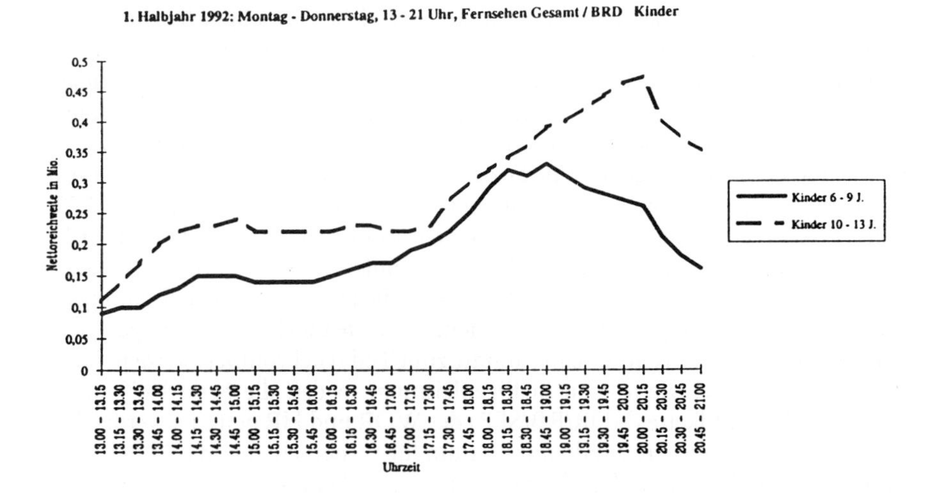

1991 ergab eine Untersuchung der GFK-Fernsehforschung, die die Indikatoren der Fernsehnutzung Ost-/Westdeutschland ermittelte, daß die Fernsehnutzung der Altersgruppe der 6-13jährigen zwischen Freitagabend und Sonntag im Verlauf des Abends zunimmt.

Bedauerlicherweise liegen keine Zahlen zu der Altersgruppe der 3-6jährigen vor. Das Verhältnis von durchschnittlicher Fernsehdauer, bezogen auf die Tageszeit, ergibt eine weitere Information zu den Hauptzeiten der Fernsehnutzung. Die durchschnittliche Fernsehdauer der 6-13jährigen liegt bei 23 Minuten zwischen 13.00 – 17.00 Uhr, steigt dann auf 35 Minuten von 17.00 - 20.00 Uhr an und erreicht schließlich ihren Höchstwert von 41 Minuten in der Zeit von 20.00-23.00 Uhr. Rein quantitativ sehen mehr Kinder – nach der ARD-Hitliste – im Alter von 6-13 Jahren die *Rudi Carrell Show* (1,16 Mio.) als die *Sendung mit der Maus* (0,78 Mio.). Die Fernsehnutzung der Kinder geht, wie die Untersuchung der GFK-Fernsehnutzung ergab, weit über das Programmangebot, das besonders für Kinder konzipiert ist, hinaus. Dieser Umstand resultiert zum einen aus den Sendeterminen bei den öffentlich-rechtlichen Anstalten, die ihre Kinderprogrammleiste unter der Woche nur zwischen 16.00 und 17.00 Uhr liegen haben und aus medienpolitischen Gründen nur zwischen 17.00 und 20.00 Uhr Werbe-

8 Imme Horn, *Paper der ZDF-Medienforschung, Nutzungsdaten 1. Halbjahr 1992,* Mainz, den 25.11.1992 (unveröffentlicht)

blöcke senden dürfen, weshalb diese Sendezeit auch unter finanziellen Aspekten gestaltet ist und ein größeres Publikum erreichen muß als nur Kinder. Zum anderen liegen die gewohnheits- und tagesablaufgemäßen Schwerpunkte der Kinder-Sehinteressen erst nach 17.00 Uhr. Programmblöcke mit ausschließlichem Zeichentrickangebot wie *Trick 7* (Pro 7) erreichen in der Sendezeit zwischen 17.05 und 19.00 Uhr 45 % der Kinder zwischen 6 und 13 Jahren.

b. Aspekte des (öffentlich-rechtlichen) Kinderfernsehens

Im März 1968 wurde in den USA die nicht kommerzielle Fernsehgesellschaft Children's Television Workshop mit der Aufgabe gegründet, den amerikanischen Slumkindern, die zum Teil zum Zeitpunkt der Einschulung, wie H. Mundzeck bemerkte, nicht einmal ihren Namen nennen konnten, ein Vorschulprogramm anzubieten. Als Ziele verfolgte das Projekt die Vermittlung von Zahlen, Buchstaben, geometrischen Formen, aber auch Formen des sozialen Verhaltens. Als Sozialisationshilfe für unterprivilegierte Gruppen konzipiert, wurde *Sesamstraße* schnell zur populärsten Serie der USA. Allein bis 1973, also innerhalb von nur fünf Jahren, wurde sie täglich zweimal eine Stunde lang von 170 US-Fernsehstationen ausgestrahlt. Der Ankauf der Senderechte durch die ARD ließ nicht lange auf sich warten, und im Februar 1972 waren die ersten Schritte in Richtung auf ein selbständiges Kinderprogramm unternommen. Der erste Block von 145 Folgen, den man auf halbstündige Sendungen verteilte, konnte zum Teil synchronisiert werden. Den Vor- und Nachspann produzierte man in Eigenleistung, so daß die Serie 1973 durch die Programme der Nordkette (NDR/RB/SFB) des WDR und HR gestartet werden konnte. Gleichzeitig beauftragte das Bundesministerium für Wissenschaft und Bildung das Hans-Bredow-Institut für Rundfunk und Fernsehen, eine Begleituntersuchung zu erstellen. Die Untersuchung, die vom Institut für Marktforschung unterstützt wurde, ermittelte eine Einschaltquote der *Sesamstraße* von 72 %. Im Beliebtheitsgrad der Kinder zwischen 3 und 6 Jahren rangierte die *Sesamstraße* an zweiter Stelle aller Fernsehsendungen. Die Produzenten von *Sesamstraße* hatten ihr Ziel erreicht: die Förderung von kognitiven Fähigkeiten. Die Differenzierungsfähigkeit des Wahrnehmungsvermögens wurde mittels unterhaltender Elemente bei der Zielgruppe, den Vorschulkindern, erreicht[9].

Die *Rappelkiste* entstand 1974 gewissermaßen als Antwort des ZDF auf die Aktivität der ARD. Hatte sich auch das ZDF um die Senderechte von *Sesamstraße* bemüht, die dann von der ARD erworben wurden, so produzierte man nun ein eigenes Kinderprogramm, das sich deutlich an der *Sesamstraße* orientierte und ebenfalls für Kinder im Vorschulalter gedacht war. Zunächst wurden 20 Folgen gedreht. Im Gegensatz zur *Sesamstraße*, die eher die Entwicklung der kognitiven Fähigkeiten im Blick hatte, wurde der pädagogische Schwerpunkt der *Rappelkiste* in den Bereich des sozialen Lernens gelegt. Rollenverhalten und Situationen des eigenen Lebens stehen hier im Mittelpunkt. Konflikte werden mit Worten ausgetragen und das Selbstbewußtsein der Kinder im sozialen Verhalten gestärkt. Der ZDF-Redakteur Elmar Maria Lorey, der mit der Produktion der *Rappelkiste* beauftragt wurde, äußerte hinsichtlich der Hauptaufgaben des Programms: *Förderung der sprachlichen und kognitiven Fähigkeiten, Ausprägung des sozialen und emotionalen Verhaltens. Stärkung*

9 Vgl. dazu die sehr detaillierte Analyse in: *Internationale Medienpädagogik als Aufgabe vergleichender Erziehungswissenschaft*, Düsseldorf 1972, S. 13-37

der personellen Autonomie sowie Stärkung der Leistungsmotivation[10]. Der *Rappelkiste* folgte dann die vom Nachmittagsprogramm des ZDF produzierte Vorschulserie *Kli-Kla-Klawitter.* Die Geschichte des Kinderfernsehens hatte begonnen.

Wie ein roter Faden ziehen sich die anfänglich gesetzten Schwerpunkte in den Konzeptionen des Kinderfernsehens durch dessen Geschichte. Sie begann, wie gesagt, 1968 mit der *Sesamstraße.* Auch 1989 steht, wie bereits mehr als zwanzig Jahre zuvor, die Förderung von kognitiven Leistungen im Zentrum des Interesses der öffentlich-rechtlichen Anstalten. Der Erfolg, den die *Sendung mit der Maus* erringen konnte, zeigte, daß solche Bemühungen über viele Jahre auch eine positive Resonanz haben, vorausgesetzt, die Sendeplätze stehen zur Verfügung. Unterschiedliche pädagogische Schwerpunkte innerhalb der öffentlich-rechtlichen Sendeanstalten sind nur bedingt festzumachen. Ein besonderer Stellenwert in diesem Zusammenhang kommt der ZDF-Medienforschung zu. Mit den Begleitmaterialien zu ihrer Kindersendung *Siebenstein* (1989-1990/1992) konnten Anregungen, wie sie in der Serie geboten wurden, durch eine Aufbereitung im Kindergarten genutzt werden. So wurden unterschiedlich ausgewählte Kindergärten mit Informationen über Konzeption, Inhalte, formale Gestaltung, Sendezeiten und Themenschwerpunkte ausgestattet und die Spielangebote in der Gruppe aufgegriffen. Erfahrungen der Kinder, wie beispielsweise bei dem Thema Reise, wurden auf diese Art zum Gegenstand eines phantasievollen Spiels, Bekanntes mit Neuem verbunden. Die Erfahrung im Umgang mit *Siebenstein* zeigte, daß Kinder bei Gesprächen über das Fernsehen immer wieder auf das zurückgreifen, was in ihrer eigenen Lebenswelt Entsprechung findet und sie bewegt.

Unsere Geschichten (so formulierte die ZDF-Redaktion des Kinderfernsehens) *wollen im Genre des Films das leisten, was Märchen in der Literatur für Kinder sind. Mit allen Sendereihen wollen wir an das schöpferische Potential des Unbewußten appellieren. Indem wir Wünsche und Phantasien in konkrete Bilder und Sprache fassen, wollen wir die zuschauenden Kinder motivieren, sich eigene Wünsche bewußt zu machen und Verwirklichungsmöglichkeiten auszuprobieren*[11].

c. Aspekte der Analyse

Wie bereits erwähnt, bevorzugen besonders Kinder im Alter von 3-6 Jahren Zeichentrickserien. Diese Vorliebe spiegelt sich in den Einschaltquoten wieder. Der *Disney-Club*, ein Magazin mit zahlreichen Kurzfilmeinlagen von Walt Disney, ist mehr oder weniger genauso erfolgreich wie die *Sendung mit der Maus.* Durchschnittlich erreichen beide Serien zwischen 0,58-0,78 Mio. Zuschauer der bezeichneten Altersgruppe. Die Vermutung liegt nahe, daß kleine Kinder ein besonderes Verhältnis zu Zeichentrickfilmen aufbauen können. So beispielsweise identifizieren kleine Kinder, wenn man gemeinsam mit ihnen durch die Programme switcht, Zeichentrickfilme als Programme, die, wie sie meinen, speziell für sie gemacht sind. Dementsprechend favorisieren sie dann auch diese Serien, wenn man sie vor die Wahl stellt. Aus diesem Umstand, der auch meiner Erfahrung entspricht, resultiert dann die Frage, ob es nicht einen notwendigen Zusammenhang zwischen der Beschaffenheit der Gestalten und den formalen Abläufen von

10 Vgl. dazu: *Wenn Ernie mit der Kiste rappelt. Vorschulerziehung im Fernsehen*, Frankfurt/Main 1974, S. 191-204

11 Bärbel Lutz-Saal/Susanne van Lessen/Barbara Herzog-Lipina, *Mutiges Denken, Handeln, Fühlen,* in: *Kinderfernsehen – Fernsehkinder*, Bundeszentrale für politische Bildung 1989, S. 61

bestimmten Zeichentrickserien gibt, die der Wahrnehmungsfähigkeit von Kleinkindern entgegenkommen. Stehen Filmzeit und die Zeit der Wahrnehmung generell in einem besonderen Verhältnis und in einer Abhängigkeit, wie sie in jeder Kunstform, deren zeitlicher Verlauf durch das Medium selbst festgelegt ist, vorliegt, so ist die Erörterung dieser wechselseitig bedingten Rezeptionsstruktur gerade bei Produktionen für Kinder von besonderem Interesse. Die Oberfläche der Bilder im Zeichentrickfilm kann eindeutiger gestaltet werden, als dies bei einer Filmaufnahme, die der wirklichen Welt entnommen oder dieser nachgestellt ist, der Fall sein kann. Der Film, der immer aus einer Addition von Einzelbildern besteht, kann im Fall des Zeichentrickfilms bestimmte Proportionen so deutlich überzeichnen – und hier springt die Metapher in den Gegenstand –, daß der Zusammenhang der filmischen Erzählung unmittelbar rational plausibel und emotional eingängig wird. Mit einem Wort verfügt der Zeichentrickfilm über eine Bilddynamik, wie sie sonst nur schwer vorstellbar ist. Bei *Bernhard und Bianca* nun werden mit aller Deutlichkeit die Elemente im Bild akzentuiert, die durch den Verlauf der filmischen Erzählung zentral sind. So beispielsweise wird die Größe des Protagonisten zu dem Seeadler ins Verhältnis 1 : 10 gesteigert (real würde dies einem Verhältnis von 1,3-1,5 m [Kody] zu 18 m [Seeadler] entsprechen). Fluggeschwindigkeiten von Vögeln werden denen von Flugzeugen nachgebildet etc. Somit gelingt eine symbolische Besetzung der Bilder und Figuren, die die filmische Erzählung unmittelbar verständlich macht; möglicherweise ein wichtiges Kriterium im Rezeptionsverhalten von Kindern.

Auf der Suche nach besonders gut strukturierten, da inhaltlich überschaubar entwikkelten Zeichentrickfilmen, bin ich auf eine neuere Produktion von Walt Disney, *Bernhard und Bianca im Känguruhland*, gestoßen, die zu einem Zeichentrickfilm aus der *Sendung mit der Maus* ins Verhältnis gesetzt werden soll. Methodisch möchte ich damit ein Material erschließen, auf das dann im dritten Teil zurückgegriffen wird. Die *Geschichte vom Eisbären* wird dem Anfang von *Bernhard und Bianca* gegenübergestellt, um zwei grundsätzlich unterschiedlich aufgebaute filmische Erzähltypen zu vergleichen. Prinzipiell wächst dabei die Handlung bei der *Geschichte vom Eisbären* aus dem sprachlichen Element, die bei *Bernhard und Bianca* aus dem visuellen Moment hervor. Diese Akzentuierung findet dann ihren Niederschlag in der Verwendung der Filmmittel, die im Falle von *Bernhard und Bianca* wesentlich aufwendiger gestaltet sind (105 Einstellungen in ca. 5 Minuten), als in der *Geschichte vom Eisbären* (54 Einstellungen in ca. 5 Minuten). Dementspechend ist die Komplexität der gestalteten Oberfläche im ersten Beispiel für die Erzählung, für ihren dramaturgischen Aufbau und ihr Verständnis, von grundsätzlich anderer Bedeutung als im zweiten Fall.

Die erste, inhaltlich zusammenhängende Sequenz von *Bernhard und Bianca*, die über ca. 5 Minuten geht, soll nun unter den Kriterien: 1. Bildinhalt, 2. Bildperspektive (bzw. Kamera), 3. Licht, 4. Konturen, 5. Geräusch, 6. Musik in ihrem funktionalen Aufbau analysiert werden.

2. Analyse

a. *Bernhard und Bianca, die Mäusepolizei im Känguruhland*
Genre im Zeichentrick: Abenteuerfilm

Anfang

1. Bild: grün gehalten, Blatt leer, kleiner Käfer krabbelt hoch, wird von einem Nashornkäfer verjagt, um an einer anderen Stelle des Blattes erneut von einem großen Käfer verscheucht zu werden.

Kamera: Schwenk um das Blatt herum
Licht: Grüntöne, dunkel gehalten
Konturen: scharfkantig
Geräusch: O-Ton des Urwaldes, Geräusche der Insekten
Musik: Schriller Cluster in hoher Lage, der als Liegeklang eine Grundlage bildet, wird mit imitierenden, dabei stark angehallten Insektengeräuschen, die Krabbeln und Putzen der Tiere imitieren, angereichert. Percussionstöne in Verbindung mit Flötengeräuschen erzeugen eine spannungsvolle und dabei unheimlich wirkende Atmosphäre. Wie mit einem Vergrößerungsglas werden die Insektengeräusche verstärkt, durch die Echo- und Halleffekte wird eine räumliche Tiefe geschaffen.

0'25"
2. Bild: Walt Disney ... Titel, Musik, etc... .

0'37"
3. Bild: Vordergrund: Der Marienkäfer startet seinen Flug von einem Blatt und fliegt über die lila Mohnfelder – vorbei an den roten Schluchten und Red Rock (Wahrzeichen von Australien). Es entsteht per Computersimulation ein künstlicher, dreidimensionaler Raum.

Kamera: zunächst Schwenk vom Detail (Schärfenverlagerung) in die Landschaft, dann subjektive Kamera aus der Perspektive des Marienkäfers im Zeitraffer, suggeriert große Geschwindigkeit, wirkt wie der Tiefflug eines Flugzeuges. Große Strecken durch Schluchten werden so zurückgelegt (Stilmittel, welches dann noch häufig verwendet wird: Vögel fliegen in der Geschwindigkeit von Düsenjägern – Maharute, der große goldene Adler und der Albatros).
Licht: orange, gelb, rot und lilafarbene Töne
Konturen: weich
Geräusch: Flügelschlagen des Marienkäfers
Musik: großes Percussionsorchester und Blechbläser, signalhafte, spannungsvolle Bewegung, die an einen Geschwindmarsch bzw. Sturmmarsch erinnern mag. Blechbläserfiguren treten im Verlauf einer insgesamt ansteigenden Lautstärke hervor. Diese Bewegung kommt dann mit dem 4. Bild zum Stehen.

1'22"
4. Bild: Elternhaus von Kody, dem Freund und Beschützer der Tiere. Zimmer von Kody. Küche.

Kamera: Großaufnahme des Hauses, Schwenk durch das Fenster (Detail). Im Zimmer läuft ein Ventilator. Kamerafahrt parallel. Kody, der Held, schläft in der Hängematte.
Licht: morgendliche Atmosphäre, gemischte Farbtöne

Konturen: weich
Geräusch: Ventilator, Quietschen der Hängematte
Musik: hoher Streicherorgelpunkt, möglicherweise in Verbindung mit gestrichenem Glas

1'40"
5. Bild: Kody wacht durch das Natursignal auf, rennt zum Fenster und schaut hinaus.

Kamera: Halbtotale
Konturen: weich
Licht: gelb-orange (Morgenrot)
Geräusch: Signalruf (Tonquelle wird später erklärt), Laufgeräusche
Musik: —

1'45"
6. Bild: Kody zieht sich an, steckt sein Taschenmesser in die Hosentasche und schleicht sich durch die Küche. Die Mutter, die an der Spüle steht, wird nur von hinten gezeigt (Kopf fehlt in der Einstellung, die Mutter wird auch später nur angedeutet). Ihren Platz übernehmen die Tiere des Dschungels.

Kamera: Zunächst Schwenk durch Kodys Zimmer. Detailaufnahme des Taschenmessers, dann Kameraschwenk auf die großen Füße (Schuhe) und Kamerafahrt durch die Küche zur Haustür hinaus: Halbtotale.
Licht: wechselnde blauviolette Töne kontrastieren zu orange
Geräusch: Ventilator, Radiostimme aus dem OFF, »In den Gebieten der Krokodilfälle, sowie in den angrenzenden Schluchten wird mit starken Gewittern gerechnet, nehmen sie also lieber ihre...«
Musik: —

2'05"
7. Bild: Kody rennt aus dem Haus, auf halbem Weg ruft ihm die Mutter nach: »Willst Du nicht frühstücken?« Kody: »Ich habe mir ein paar Brote eingepackt.« M.: »Sei aber zum Abendessen zurück!« Kody: »Aber sicher, Mam.«

Kamera: Schwenk zunächst auf Hüfthöhe Kodys, dann Halbtotale
Licht: wechselnd, immer aber warme Farbtöne
Geräusch: O-Ton der Szene, Laufgeräusche, Haustürschlagen
Musik: —

8. Bild: Rennt mit entschlossenem Blick (und geballter Faust) durch den Wald und ruft die Tiere des Waldes zusammen. Ihm folgen exotische Vögel, ein Schnabeligel und Beutelmäuse. »Ich weiß, ich komme schon... Beeil dich, Nelson, Pablo hat Alarm (Bongos) gegeben.«

Kamera: Parallelfahrt, Detailaufnahme der Beinbewegung, Schwenk auf das Profil des Gesichts
Licht: diffus, grün-blau-farbig
Geräusch: Natursignal und Tierstimmen, Klopfen auf hohlem Stamm

Musik: Geschwindmarsch (Urwaldmotiv), diesmal in helleren Instrumentalfarben mit dem erwähnten Natursignal

2'30"
9. Bild: Sprung durch den hohlen Baumstamm, es folgen die Beutelmäuse. Kody und die Tiere gelangen zu dem Känguruh, das auf einem Holzstück den Signalton bläst. Kody: »Wer steckt diesmal in der Falle?« Känguruh: »Du kennst sie nicht, Kody, ihr Name ist Maharute, der große goldene Adler.« Kody und das Känguruh Auge in Auge. Känguruh: »Maharute, der große goldene Adler, sie ist dort oben auf der Klippe in eine Wildererfalle geraten, und nur Du kannst dort raufklettern.« Kody: »Ich werde sie befreien.« »Hüpf auf, Kleiner, wir dürfen keine Zeit verlieren.«

Kamera: Totale (Szene auf der Lichtung, Sequenz im Baumstamm mit Kameradrehung)
Licht: gedämpft, Waldlichtung imitierend
Geräusch: Rascheln der Blätter
Musik: stark zurückgenommen, gerade noch hörbar im Hintergrund

3'05"
10. Bild: Kody reitet auf dem Rücken des Känguruhs, von den übrigen Tieren gefolgt, zum großen Felsen, den er ängstlichen Blickes erklimmt. Seine Haare wehen im Wind.

Kamera: Panoramaschwenk in die Totale, Halbtotale, Kamera von oben über Kody, im Blickfeld das tiefe Tal (Halbtotale), Kamera von unten über Kody hinweg auf den Himmel gerichtet, somit wird die räumliche Dimension von allen Seiten dargestellt
Licht: mit den Einstellungen wechselnd – grün (Tal), hellblau (Himmel)
Geräusch: Windgeräusche, Klettergeräusche, herabstürzende Steine
Musik: Instrumente in hoher Lage erzeugen eine verhaltene Atmosphäre

3'50"
11. Bild: Bei dem Seeadler angekommen, der gefesselt auf den Boden gepreßt liegt, holt Kody mit den Worten: »Es wird alles wieder gut, gutes Mädchen« sein Taschenmesser aus der Hosentasche (Großaufnahme Taschenmesser, die Klinge funkelt in der Sonne). Parallel dazu spiegelt sich die Szene im Auge des Adlers wieder, der panisch erschrickt. Der Adler windet sich und wird schließlich von Kody von den Schlingen befreit.

Kamera: Wechselnde Ausschnitte der Szene, von oben, seitlich, Kody mit dem Messer, Adlerkrallen seitlich, gelöste Seile
Geräusch: Adlerschreie, Flügelschlagen
Musik: Flötenmotiv, dann Orchestereinsatz, skandierende Bläser- und Streicherklänge erzeugen weitere Spannung

4'35"
12. Bild: Bei den Worten: »Du bist frei« entlädt sich das Gefühl über die wiedergewonnene Freiheit des Adlers in einer explosionsartigen Bewegung, so daß Kody davon vom Plateau gestoßen wird und den Berg hinunterfällt. Während der Adler noch riesenhaft aufsteigt, bemerkt er den Sturz seines Retters, der zunächst mit weit aufgerissenen Augen rückwärts

mit rudernden Armen ins Tal stürzt und schließlich, kurz vor dem Aufprall, wiederum von dem Adler gerettet wird. Eine Freundschaft beginnt.

Kamera: Parallelmontage, zwischen dem Aufsteigen des Adlers (Kamera von unten) und dem stürzenden Kody (Kamera von oben). Die Szenen sind durch den sogenannten Kreuzschnitt ineinandermontiert und führen dann auf die Rettung Kodys zu.
Licht: Grün- und Blautöne im Wechsel
Geräusch: Adlerschreie
Musik: Hörner mit Hall versetzt symbolisieren die Tiefe/Weite, Streichertremoli, Pauken: dramaturgischer Höhepunkt

4'50"
13. Bild: Maharute rettet den Jungen kurz vor dem Aufprall, indem sie sich unter seinen Körper schiebt, er sich wiederum festhält, so beginnt nun ein phantastischer Flug über die Spitzen der Berge in die Höhen der Wolken. (Die Proportionen, die, wie bereits angedeutet, stark verschoben sind, werden hier vollends überzeichnet. Das Verhältnis von Kody, der ca. 1,3 bis 1,5 m groß sein dürfte, zu dem Adler beträgt 1 : 15. Tatsächlich erscheint der Adler oftmals bildfüllend in einer Größe von ca. 18-20 m.)

Kamera: verschiedene Perspektiven – oben, unten, Vogelperspektive
Licht: immer heller von grünblau (Tal) bis blau, dann weiß und über den Wolken fast weißsilber
Geräusch: Freudenschrei des Jungen und Flügelschlagen des Adlers, der sich mit langsamen gravitätischen Bewegungen ausgesprochen schnell bewegt
Musik: einem Triumphmarsch ähnlich mit finalem Charakter

ab 5'40"
Die Größe des Tieres und der Mut des Jungen verbinden sich bei den kommenden Bildern zu einer wirkungsvollen Synthese. Hier werden nun alle Register des Trickfilms gezogen, so daß die suggestive Kraft der Szene ihre Wirkung erreichen dürfte.

b. *Die Geschichte vom Eisbären*

(OFF) Eines Tages waren Lars' Eltern so schwer krank, daß sie nicht einmal mehr aus ihrer Höhle konnten.

Kamera: Panorama, Zoom, Schwenk in die Höhle
Licht: hellblau bis dunkelblau
Geräusch: —
Musik: Holzbläsertrio (Klarinetten und Fagott) verhalten, langsam

0'15"
2. Bild: Eisbärenmutter: »Nur die Honigmedizin aus dem Wald kann uns jetzt noch helfen. Du mußt zu Onkel Braunbär und sie holen. Ich bin schon viel zu schwach dazu, und ich mache mir große Sorgen um deinen Vater.«

Kamera: Nahaufnahme, Profil von links
Licht: blau
Geräusch: Husten
Musik: hört auf

0'20"
3. Bild: Lars: »Keine Angst, Mama, ich bin ganz schnell wieder zurück, aber wie komme ich denn in den Wald?« Eisbärmutter: »Du mußt über das Eisgebirge zur Scheegrenze und über den Fluß.«

Kamera: Halbtotale, Profil von rechts
Licht: blau
Geräusch: Tropfen der Eiszapfen
Musik: —

0'42"
4. Bild: (OFF) Kommentar: Stolz auf seine wichtige Aufgabe, aber auch mit ein bißchen Angst machte Lars sich auf den Weg. (*1'05"*) Vorsichtig prüft er an der Schneegrenze, ob der aufgetaute Boden einen Eisbären tragen kann. Jetzt nur noch über den Fluß, dachte Lars. Der Fluß war reißend und tief. (*1'22"*) Aber Lars nahm noch einmal seinen ganzen Mut zusammen und sprang:

Kamera: Totale, Kameraschwenk ins Panorama
Licht: weiß-blau, Grüntöne
Geräusch: Wind, Wasser und Hall
Musik: Bläsertrio, im Verlauf dann mit Streicherorgelton, in hoher Lage mit leisen Pauken, Klarinettentriller

1'30"
5. Bild: (Lars im Fluß): »Hilfe, Mama, Mama! Mama, hilf mir.«

Kamera: Totale (von vorne), Panorama von oben (Vogelperspektive), Detail (Lars am Ast)
Licht: weiß-blau-grün
Geräusch: Wasserplätschern
Musik: konzertanter Charakter der oben genannten Instrumente

1'45"
6. Bild: [Information der vorangegangenen Sequenz wird wiederholt]
(OFF) Kommentar: In letzter Minute konnte sich Lars an einen umgestürzten Baum klammern. Geschafft, völlig erschöpft suchte er sich einen Platz zum Ausruhen. Er schlief sofort ein und träumte von seinen Eltern.

Kamera: Schwenk vom Ufer des Flusses in den Wald (expressionistisches Bild, scharfkantige Konturen)
Licht: blau-grün, dann dunkel
Geräusch: Wasserplätschern
Musik: Klarinette im Vordergrund

2'00"
7. Bild: (Traum) Eisbärenmutter: »Du schaffst es, mein kleiner Lars, wir brauchen die Medizin.« Lars: »Ja, Mama, ich bin bald wieder bei euch.«

Kamera: Blende, Unschärfe als Stilmittel
Licht: dunkel
Geräusch: —
Musik: kammermusikalischer Ton

2'14"
8. Bild: Braunbär: »Ja, Mama, ich bin bald wieder bei euch. So ein Quatsch, du weißt ja nicht einmal, wo du bist, Bleichgesicht!« (Bongos und Tongas) Lars: »Lieber Baum, bitte tu mir nichts, ich muß doch die Medizin holen.« »Medizin? Ich seien großer Medizinmann, Sohn von altes Bärenauge, und ein Baum bin ich schon gar nicht. Sieh her, ist nur 'ne Maske.« »Was, nur eine Maske? Ehrenwort?« »Ja, und ohne Maske bin ich auch nur ein kleiner Bär wie du.« (*2'45"*) »Hallo, ich bin Lars Eisbär, und ich bin gekommen, um für meine Eltern die Honigmedizin zu holen.« »Honigmedizin? Da kann ich dir helfen.«

Kamera: Portrait bildfüllend, Lars von oben (Kamera verdeutlicht die Bedrohung), Totale: vorangegangene Bildausschnitte werden verbunden
Licht: blau-braun
Geräusch: —
Musik: Bongos und Tongas

2'45"
9. Bild: »Meine Honigmedizin wird deinen Eltern bestimmt schnell helfen«, sagte Papa Braunbär und hängte Lars ein Blätterfäßchen mit der Medizin um. »Es ist schwer. Brauni wird mitkommen und dir tragen helfen.«

Kamera: Halbtotale (Vater Braunbär am Baumstamm), Schwenk in Totale
Licht: dunkelgrau (Hintergrund), Bären heben sich deutlich ab
Geräusch: Bienengeräusch (Honig), Rascheln (bei »Blätterfäßchen«)
Musik: —

3'05"
10. Bild: (OFF) Und so machten sich Lars und Brauni auf den Rückweg. Mal trug Lars das Fäßchen, und wenn er müde wurde, trug es Brauni.

Kamera: verschiedene Einstellungen
Licht: grüngrau - blau - grau
Geräusch: —
Musik: Klarinette (Eisbär), Bongos (Braunbär)

3'40"
11. Bild: In der Eisbärenhöhle: »Er muß bald kommen. Lars, mein Lieber. Lars, komm schnell.«

Kamera: Halbtotale
Licht: blau
Geräusch: Husten und schweres Atmen
Musik: —

3'45"
12. Bild: »Oh, wir haben vergessen, etwas zu trinken mitzunehmen.« »Das macht nichts, das ist Eis. Du mußt es lecken, dann geht der Durst weg.« (OFF) Und zum ersten Mal in seinem Leben probierte Lars ein Eis. »Mmh, ist das gut. So etwas müßten wir im Wald auch haben, mit Honiggeschmack. Mmh, das wär toll.«

Kamera: Halbtotale, Parallelfahrt zu den laufenden Bären
Licht: heller
Geräusch: Laufgeräusche
Musik: Klarinette und Bongos

(OFF) Frisch gestärkt machten sich Lars und Brauni auf den letzten Teil ihrer langen Reise.

4'15"
13. Bild: »Mama, Papa! Ich bin wieder zurück mit eurer Medizin!«

Kamera: verschiedene Einstellungen: Halbtotale, Portrait
Licht: blau in der Höhle
Geräusch: Laufen im Schnee
Musik: —

4'25"
14. Bild: »Hier, Mama, nimm die Honigmedizin, dann seid ihr bald wieder gesund.« Eisbärenmama: »Oh, Lars, ich wußte, du schaffst es.«

Kamera: Landschaft Totale, Fahrt in die Höhle (Bild wie zu Beginn)
Licht: Blautöne
Geräusch: —
Musik: Klarinette und Bongos

4'35"
15. Bild: (OFF) Und später dann, als sich Lars und Brauni an der Schneegrenze verabschiedeten, versprachen sie einander, daß sie sich bald wieder besuchen. Und Lars rannte so schnell er nur konnte wieder in die Schneehöhle, denn er wollte seinen Eltern beim Gesundwerden zusehen.

Kamera: Schwenk – Wintersonne, Mittelpunkt Lars – rennt in die Sonne
Licht: orange-gelb
Geräusch: Abblende
Musik: Klarinette spielt ihr Motiv aus

3. Wahrnehmen und Lernen

Überleitung

Spricht man nun in diesem Zusammenhang von Wahrnehmung, so denkt man zunächst an einen universalen Vorgang, der die Einheit der Sinne in ihrer Vielfalt betrifft. Auf der Ebene der alltäglichen Sprache scheint uns die Rede von der Wahrnehmung kein Problem zu bereiten. Sage ich zum Beispiel, heute ist ein schöner Frühlingstag, so komme ich aufgrund vielfacher einzelner Beobachtungen, die gleichzeitig wahrgenommen werden, zu einem Befund, der wiederum zu diesem Satz führt. Heute ist ein schöner Frühlingstag. Ich empfange die Eindrücke eines Aprilanfangs. Ich höre den Frühling an seinen Geräuschen, die sich aus Vogelstimmen, Straßenlärm und Stimmen zu einem Geflecht verbinden. Ich sehe den Frühling an dem Emporwachsen der Blumen und Gräser, dem Aufbrechen der Knospen und spüre die länger werdenden Tage, und ich rieche oder schmecke den Frühling an der Luft, die ich atme, und gleichzeitig spüre ich die Erwärmung, die die Frühlingssonne auf meiner Haut bewirkt. Geht man empirisch von der Vielfalt der Eindrücke auf die einzelnen Sinne aus, so kommt man durch den personalen Ich-Satz zu einer Einheit. Die Einheit der Wahrnehmung besteht also aus einer Summe, die die empfangenen Eindrücke je nach Person unterschiedlich gewichten läßt. Die Einheit der Wahrnehmung läßt sich vielseitig strukturieren, zunächst jedoch ist sie altersabhängig. So differenziert sich das Verhältnis zwischen Individuen und deren Wahrnehmung auch beschreiben läßt, so differenziert wird auch die Darstellung des Begriffes »Wahrnehmung« ausfallen. Weil dem Begriff der »Wahrnehmung« seit Descartes der Charakter des Ursprünglichen und gewissermaßen Unvorbelasteten anhaftet, wurde der Begriff innerhalb verschiedener Theoriemodelle in der Regel gleich zu Beginn ausgebreitet. Es kann in diesem Zusammenhang mindestens zwischen den folgenden Wahrnehmungstheorien unterschieden werden:

1. Entwicklungspsychologisch-biogenetische Theorie der Wahrnehmung (Piaget/Köhler)
2. Phänomenologisch-Intentionalistische Theorie der Wahrnehmung (Brentano/Husserl)
3. Phänomenologisch-Strukturale Theorie der Wahrnehmung (Merlau-Ponty/Levi-Strauss)
4. Physiologisch-Neurologische Theorie der Wahrnehmung (Eccles/S.J. Schmidt/Roth)
5. Gestalttheoretische Theorie der Wahrnehmung (v. Ehrenfels/Arnheim)
6. Kognitive Theorie der Wahrnehmung (J.J. und E.J. Gibson/Neisser)

Im wesentlichen lehne ich mich, da es hier gilt, die frühkindliche Wahrnehmung zu behandeln, an Aspekte der Entwicklungspsychologie an und kann daher nur vereinzelt auf die Querverbindungen verweisen. Von der Wahrnehmung allerdings, also von einem singulären Begriff der Wahrnehmung zu sprechen, dürfte der Spannweite, die diesem Begriff innewohnt, nicht gerecht werden. Spricht man dennoch, gewissermaßen aus Sprachgewohnheit, von der Wahrnehmung, so ist damit ein weit vernetzter, prozeßhafter und ständig sich modifizierender Ablauf umschrieben. Nimmt man beispielsweise die Augen und ihre Fähigkeit des binokularen Sehens, so hat man es rein physiologisch mit 2 mal 130 Mio. Sehnerven zu tun, die es ermöglichen, dreidimensionale Eindrücke zu empfangen. Bedenkt man weiter, daß diese 2 mal 130 Mio. Nervenzellen sich bei durchschnittlicher Aufmerksamkeit 4 mal pro Sekunde ausrichten und daß die empfangenen Bildpunkte innerhalb von Mikrosekunden in unserem Gehirn zu Bildern zusammengefügt werden, so können die Dimensionen, die sich bereits bei den Vorgängen der visuellen Wahrnehmung ereignen, deutlich werden. Der physiologische Gesichtspunkt kann weiterhin zeigen, welchen Umfang die Rede über den Begriff Wahrnehmung aus praktischen Gründen nicht abzudecken vermag[11]. Wie so häufig, ist der Begriff gewissermaßen ein Konsens, auf den man sich verständigen muß, um einigermaßen sicher zu sein, daß man über den gleichen Gegenstand spricht. Damit jedoch wird er, der Begriff, variabel und modifizierbar.

So problematisch es auch sein mag, Situationen der Wahrnehmung zu vergleichen, so entscheidend ist es doch, zu erfahren, wie bestimmte Gruppen von Personen die Dinge wahrnehmen, die sie täglich umgeben. Kinder, Jugendliche, Erwachsene und ältere Menschen nehmen die Dinge unterschiedlich wahr. Bei Kindern ist es zunächst eher ein Ansammeln und Empfangen (perceptio) von Eindrücken. Bei Jugendlichen und Erwachsenen dann ein Erfassen und insbesondere geistiges Auffassen von immer komplexeren Strukturen, die sich in ihren Verzweigungen und Bedeutungszuweisungen unendlich verfeinern lassen. Ist die Wahrnehmung bei kleinen Kindern noch vorwiegend ein Aufnehmen und Ansammeln, also eher passiv beschreibbar und von der Entwicklung der Aufmerksamkeit abhängig, verändert sich diese Modalität mit zunehmendem Alter. Der erfahrene Blick verändert die Wirklichkeit der Wahrnehmung, indem die Bedeutung, die die Dinge und Eindrücke haben, mitgesehen werden. Vielleicht wird die Wahrnehmung mit zunehmendem Alter durch eine besondere Form der Aktivität beschreibbar. Sicher jedoch ist die individuelle Wahrnehmung immer altersabhängig und zusätzlich von vielen strukturellen Bedingungen geprägt. Es ist kein Geheimnis mehr, daß die Wahrnehmung kulturell genauso unterschiedlich ausgeprägt ist, wie es Werte, Religionen und Systeme der Kommunikation sind.

Wie nun, so möchte ich fragen, ist die frühkindliche Wahrnehmung, genauer, die visuelle Wahrnehmung im frühkindlichen Alter, beschaffen? Lassen die durch die Analyse der Zeichentrickfilme gewonnenen Einsichten auch Rückschlüsse auf die Rezeption zu?

Methodisch soll mit diesen Fragestellungen eine Brücke zwischen kognitiven Momenten und montagetechnischen Aspekten geschlagen werden. Kriterien einer kognitiven Montageanalyse sind daher sowohl auf die Verbindung von Ton- und Bildbewegung, als auch auf Momente der Aufnahme und Verarbeitung von Filminhalten bezogen. Von gleichrangigem Stellenwert sind hier Medium und Rezipient. Im Zentrum des Interesses stehen daher altersbedingte Wahrnehmungsstrukturen und Lernprozesse, die, wie es am Beispiel der *Sesamstraße* gezeigt wurde, für eine spezielle Zielgruppe im Vorschulalter entwickelt wurde. Der Wahrnehmungsbegriff, den ich dabei zugrundelege, bezieht seine zentralen Argumente aus der Entwicklungspsychologie, wie sie insbesondere von Piaget – von Koffka ausgehend –, aber auch von Autoren der biologischen Genetik entwickelt wurde. Gegenseitige Anregungen verdanken sich Entwicklungspsychologie und Gestalttheorie, wenn sie über die Aufmerksamkeit[12] bei der Wahrnehmung von Gegenständen sprechen. So kann das Phänomen der natürlichen Vereinfachung (Arnheim [1954] und Köhler [1967]) bei der Gestaltwahrnehmung, die physiologisch begründet ist

11 Vgl. dazu John C. Eccles, *Die Psyche des Menschen. Die Gifford Lectures an der Universität von Edinburgh 1978-1979*, München 1985

12 Vgl. E.H. Gombrich/J. Hochberg/M. Black, *Kunst, Wahrnehmung, Wirklichkeit*, Frankfurt/Main 1977, S. 67-69. Hochberg entwickelt hier, von der Gestalttheorie ausgehend, die Begriffskette: Wahrnehmen – Gestalt – Feld – Kognition.

und Konsequenzen für die Rezeption hat, erklärt werden. Die von seiten der Gestaltpsychologen entwickelten Gesetze der Wahrnehmungsorganisation stellen einen wichtigen Beitrag zur Erklärung der frühkindlichen Wahrnehmung dar. Hier treffen notwendige Vereinfachungen in der frühkindlichen Wahrnehmung mit den Eigenarten der Organisation bei bestimmten Konfigurationen von visuellen und auditiven Feldern zusammen: (1.) *Jede Reizkonfiguration wird so gesehen, daß sie eine möglichst einfache Struktur ergibt...* (2.) *Im Gesetz der Ähnlichkeit wird ausgesagt, daß man in einer komplexen Reizkonfiguration unter sonst gleichen Bedingungen diejenigen Elemente zu einer Einheit organisiert, die einander ähnlich sind (sei es hinsichtlich der Farbe, Intensität, äußeren Form, Geschwindigkeit, Höhe oder anderem)...* (3.) *Als drittes Gestaltgesetz soll das der Nähe erläutert werden: danach werden solche Reizelemente als eine zusammengehörige Gestalt organisiert, die räumlich nahe beieinander sind (z.B. ähnlich hohe Töne, benachbarte Reihen von Linien, Punkten usw.)*[13].

a. Spezifizierung der frühkindlichen Wahrnehmung

Betont Piaget bei allen Altersstufen die Wechselbeziehung zwischen den jeweils erreichten kognitiven Strukturen und den Bedeutungen, die neue Erfahrungen für die Entwicklung der Kinder haben, so gewinnt die Ausprägung des Wahrnehmungsbegriffs eine zusätzliche Komponente, die sich in eine Kausalkette einfügen läßt: Wahrnehmen ist von Entwicklung und Lernen abhängig. Entwicklungen sind Piaget zufolge vor allem psychogenetisch geprägt. Piaget geht dabei sowohl von einem körperlichen als auch geistigen Wachstum aus, welches sich gegenseitig bedingt und reguliert. Dabei ist die Akzentuierung des biologischen Wachstums durchaus beabsichtigt[14]. Piaget verwendet dafür explizit den Begriff der Äquilibration. Äquilibration läßt sich zusammenfassen als *der interne Regulierungsfaktor einer biologischen Organisation; er manifestiert sich in allen Lebensäußerungen, besonders deutlich in der Aktivität der Intelligenz. Als Prozeß ist die Äquilibration der Regulierungsfaktor, der Evolution und Entwicklung miteinander verbindet; als Zustand (als Gleichgewicht) ist sie* [Äquilibration] *immer ein neues Ausgleichen aktiver Kompensationen*[15]. Sicherlich kann man hier noch an das ältere Reiz-/Reaktionsschema errinnert werden[16]. Wie der Prozeß des Lernens aktiviert werden kann, kann jedoch nach Piaget einzig über die Wahrnehmung erklärt werden. Um den Prozeß der Wahrnehmung in Gang zu bringen, muß ein Vorgang zum einen dem Kind bis zu einem bestimmten Grade vertraut sein, zum anderen muß von dem Vorgang ein Reiz ausgehen, der das Interesse des Kindes hervorruft und seine natürliche Neugier herausfordert. Im Bereich der Medienwahrnehmung können dies bestimmte Zeichentrickfiguren sein, die, in immer neue Situationen eingebettet, bestimmte Verhaltensmuster entwickeln, die den Kindern dann nach einiger Zeit vertraut sind.

13 Rainer Guski, *Wahrnehmung* (= *Grundriß der Psychologie* Bd. 7), Stuttgart, Berlin, Köln 1989, S. 54-55

14 Vgl. zur aktuellen Diskussion: *Zur Biologie der Kognition*, Titel der gleichnamigen Veröffentlichung, *Ein Gespräch mit Humberto R. Maturana*, hg. von V. Riegas und Christian Vetter, Frankfurt 1990

15 H.G. Furth, *Intelligenz und Erkennen*, in: Jean Piaget, *Einführung in die genetische Erkenntnistheorie*, Frankfurt 1973, S. 97

16 Bei dem Reiz-/Reaktionsschema, das zunächst in der frühen Physiologie des 19. Jahrhunderts entwickelt wurde, unterschied Haller, der später auch von J.G. Herder herangezogen wird, zwischen der Muskelkontraktion (später Reflex) und der Empfindung. Diese beiden Klassen haben sich dann auch als unwillkürliche und willkürliche Reaktionen etabliert. Herder überträgt, *Vom Erkennen und Empfinden der menschlichen Seele*, den Reizbegriff von der Physiologie auf die Psychologie und führt den Begriff des inneren Reizes ein, um seelische Vorgänge zu kennzeichnen. Vgl. auch *Historisches Wörterbuch der Philosophie*, Bd. 8, Basel 1992, Sp. 554-567

Piaget beschreibt innerhalb einer Untersuchung aus den 1940er Jahren (*Der Aufbau der Wirklichkeit beim Kinde, Gesammelte Werke* Bd. 2) die Entwicklung eines Objektbegriffs, den er ab dem zweiten Lebensjahr datiert. Auf spielerische Weise läßt Piaget vor den Augen seiner Kinder kleine Holzkugeln verschwinden, spielt mit den geschlossenen Händen, die die unsichtbar gewordenen Holzkugeln bewegen und fordert so das Suchen der Kinder heraus. (Wie bekannt ist, gehen die meisten Ergebnisse Piagets aus der Beobachtung seiner eigenen Kinder hervor.) Aufmerksam verfolgen die Kinderaugen die Kugeln, und mit zunehmendem Alter durchschauen sie die Hintergründe des Spiels. Beobachteten sie anfangs die Kugeln, die kamen und verschwanden, so lernen sie ab dem siebten Lebensjahr, das Versteckspiel in seinen Geheimnissen zu durchschauen. Dieses Beispiel zeigt, daß Piaget das Lernen anhand der wahrgenommenen Bewegungen festmacht, von denen er wiederum Rückschlüsse auf kognitive Prozesse macht. Dabei legt Piaget, wie Herbert Ginsburg und Sylvia Opper analysierten, ein bestimmtes Konzept des Lernens zugrunde. Er unterscheidet zwei Begriffe des Lernens, nämlich ein Lernen im engeren und ein Lernen im weiteren Sinn. Das Lernen im weiteren Sinn, welches für unser Thema relevant ist, bedeutet gegenüber dem Lernen im engeren Sinn immer eine partielle Neuordnung der kognitiven Fähigkeiten, die beim Lernen im engeren Sinne nicht berührt werden. *Lernen im engeren Sinn bedeutet, daß spezifische Reaktionen auf besondere Situationen erworben werden. Das* [so Ginsburg/Opper] *ist ein oberflächlicher Lernprozeß: Er ist unstabil, ohne Dauer und wahrscheinlich nicht zu übertragen. Lernen im weiteren Sinne beruht auf der Entwicklung. Es findet statt, wenn das Kind über die kognitiven Strukturen verfügt, die die Voraussetzungen dafür bilden, daß die neue Information assimiliert werden kann*[17]. Die Unterscheidung von zwei Lernbegriffen hat den Vorteil, daß sie zeigt, daß es – aus der Perspektive Piagets – ein altersabhängiges und ein davon unabhängiges Lernen festzuhalten gilt. Das altersabhängige Lernen, das auch als das primäre Lernen bezeichnet werden kann, wurde von Piaget in erster Linie untersucht. Es gelang ihm dabei, die spezifischen Merkmale von Altersgruppen herauszustellen und zu klassifizieren. Der Begriff der Assimilation im Hinblick auf das kognitive Schema bedeutet, daß die auf das Individuum einwirkenden Reize mit den vorhandenen Strukturen der entsprechenden Entwicklungsstufe verarbeitet werden können, ohne daß eine Neuordnung der kognitiven Strukturen notwendig wird. Der gegenläufige Begriff der Akkommodation bedeutet die Neuordnung der kognitiven Schemata, die notwendig wird, wenn die erworbenen und entwickelten Einstellungen des Individuums nicht ausreichend sind, um neuen Eindrücken zu begegnen. Piaget geht dabei von einem Gleichgewicht zwischen Assimilation und Akkommodation aus, das sich je nach Entwicklungsstufe und Bereich gewissermaßen einpendelt. Im weitesten Sinne handelt es sich dabei um ein Klassifikationssystem nach Altersgruppen, deren Lernverhalten von Piaget analysiert wurde. Den Altersgruppen wurden bestimmte Schemata der Auffassung und Verarbeitung von Situationen zugeschrieben. Piaget unterscheidet vor dem Einsetzen der individuellen Entwicklung zwischen fünf kognitiven Schemata:

Senso-motorische Intelligenz	bis 18 Monate
Symbolisch-vorbegriffliches Denken	bis 4 Jahre

17 Herbert Ginsburg/Sylvia Opper, *Piagets Theorie der geistigen Entwicklung*, Übers. aus dem Amerikanischen von H. Kober (1969), Stuttgart 1991, S. 224

Anschauliches Denken	etwa in den Jahren 4-7
Konkrete Operationen	7-11 Jahre
Formal-abstrakte Operationen	ab 11 Jahren

Das anschauliche Denken befähigt, Piaget zufolge, Kinder im Alter ab 3 bis 4 Jahren zu einer allmählichen Koordination von vorstellungsmäßigen Beziehungen. Piaget betont für dieses Stadium der Entwicklung, das er auch als das Stadium des präoperativen Denkens bezeichnet, daß das Denken des Kindes in dieser Phase statisch ist, d.h. alle Formen der Übertragung noch nicht stattfinden. Ginsburg/Opper beschreiben dieses Stadium sehr instruktiv für unseren Zusammenhang: *Zusammenfassend können wir sagen, daß das Denken des Kindes auf der präoperativen Stufe irreversibel ist und nur Ausschnitte der gesamten Informationsmenge berücksichtigt, vor allem solche, die die statischen Zustände der Realität betreffen*[18]. Diese Eindimensionalität des Denkens findet sich in der Literatur zu diesem Thema häufig an dem sogenannten »Perlen-Umschütt-Versuch« erläutert, bei dem es darum geht, die Mengenverhältnisse mit bestimmten Anordnungen der Perlen in Verbindung zu bringen. Das Ergebnis ist verblüffend, da gleichgroße Perlenmengen (gleiche Anzahl und gleicher Abstand der Perlen), unterschiedlich angeordnet, zu unterschiedlichen Mengeneinschätzungen führten. Der Rückschluß auf eine altersbedingte Wahrnehmung kann unmittelbar einleuchten. Die Altersgruppe der konkreten Operation, die zwischen sieben und elf Jahren angesiedelt ist, zeichnet sich durch die kongnitive Fähigkeit aus, Situationen im Zusammenhang zu sehen. Handlungen, Eindrücke und Erinnerungen bilden jetzt ein komplexes System von Wahrnehmungsbezügen, die das kognitive Schema erfassen kann. Die Umgebung des Kindes wird als vielschichtiges Beziehungssystem entdeckt, kann aber noch nicht entschlüsselt werden. *Das Denken haftet nicht mehr an besonderen, bevorzugten Zuständen des Gegenstandes, sondern bemüht sich, seinen sukzessiven Veränderungen auf allen möglichen Um- und Rückwegen zu folgen, es geht nicht mehr von einem besonderen Standpunkt des Subjektes aus, sondern koordiniert alle besonderen Gesichtspunkte zu einem als objektiv erachteten System*[19]. Der personelle Standpunkt wird in sozialen Handlungen erkannt, die individuelle Sicht verschiedener Personen deutlich. Bis zu einer gewissen Komplexität können Situationen erfaßt werden. Das soziale Rollengefüge wird für die Altersgruppe »konkrete Operation« sichtbar; die Identifikation mit Rollen gewinnt an Stellenwert. Das Abstraktionsvermögen allerdings ist in aller Regel noch nicht entwickelt. Kinder dieser Gruppe können die Bedeutung ihres Handelns noch nicht einschätzen. Lediglich die unmittelbare Wirkung, die durch die Handlungen hervorgerufen wird, kann erfaßt werden.

Mit dieser Kurzfassung der beiden Hauptgruppen, »anschauliches Denken« und »konkrete Operation«, ist die Altersspanne von drei bis elf Jahren erfaßt, die Zielgruppe der Kindersendungen knapp aus einem Blickwinkel der Entwicklungspsychologie beschrieben.

Von seiten des 1990 ins Leben gerufenen Faches Kommunikationspsychologie liegt nun von H. Sturm ein Konzept vor, das eine altersbezogene Mediendramaturgie fordert. Dieses Konzept lehnt sich an die »Entwicklungsstadien« von Piaget an und fordert für die Alters-

18 Ginsburg/Opper 1969/91, S. 212
19 Piaget 1970, S. 161. Zit. nach: H. Sturm, *Fernsehdiktate*, Gütersloh 1991

gruppe des »anschaulichen Denkens« folgendes: Für diese Altersgruppe ist es *wichtig, daß die Fernsehdarbietungen in unidirektionaler konkreter Nacheinanderdarstellung erfolgen: Eines kommt zum anderen – etwa in der Art, wie die meisten Märchen erzählt werden. Bei solchen handlungsbezogenen eingleisigen Darstellungen gibt es kaum ein Nachlassen der Aufmerksamkeit [...], hingegen führen zeitlich versetzte Handlungsinhalte (etwa der an den Anfang genommene Schluß einer Geschichte), unvermittelte Schnitte, Um- und Überblendungen sowie den Bildern gegenläufige Texte zu Störungen von Aufmerksamkeit und Verstehen. Typisch dafür ist ein Decodierverhalten, das ganze Darbietungsketten in einzelne Wenn-Dann-Beziehungen zerlegt (weshalb auch die Erinnerung an Einzelbilder nichts aussagt über kognitives Verstehen). Diese Herstellung von jeweils nur einem kognitiven Bezug fordert die genaue Handhabung von übereinstimmenden Wort-Bild-Beziehungen: Sie unterstützen den kindlichen Rezipienten beim Erwerb anschaulicher Begriffe und deren Differenzierung – beides Voraussetzungen für den Übergang zu den nächsten Intelligenzetappen*[20]. Chronologische Abfolge der Ereignisse und lineare Verknüpfung der Erzählung, als Struktur der Erzählform sicherlich ein wesentlicher Bestandteil, der für ein einigermaßen gesichertes Verstehen von Bedeutung ist. Doch neben der bevorzugten Struktur, die der Wahrnehmung dieser Altersgruppe entsprechen mag, spielt die Geschwindigkeit der Bildfolgen und Synchronität innerhalb der Bild-, Ton- und Sprachebenen eine entscheidende Rolle. Proportionen und Perspektiven (trad. Kamera) können eine Handlung ebenfalls leicht oder schwer verständlich machen. Die Frequenz der Bild- und Tonwechsel sowie die internen Bewegungen bleiben bei dieser Darstellung von H. Sturm unberücksichtigt.

Unterschiedliche Geschwindigkeiten der Bildfolge, unterschiedliche Differenzierung bei internen Bildbewegungen, Perspektiven im Zusammenspiel mit der Tongestaltung lassen Rückschlüsse auf die Dramaturgie zu. Der Schwerpunkt im Hinblick auf die gewählten Mittel kann im Bereich des Bildelementes oder der Erzählung liegen. Wächst die Handlung mehr aus sprachlichen oder aus visuellen Elementen hervor? Welche Bilder und Bildausschnitte werden von Kindern innerhalb der Bildfolge besonders bemerkt, welche haben eine Bedeutung? Guski (1989), bemerkte zu dem Thema Wahrnehmungsdifferenzierung, daß die Kinder ... *zuerst zwischen Gesichtern und Nicht-Gesichtern unterscheiden,* [...], *weil Menschengesichter einen außerordentlichen Stellenwert für Kleinkinder haben: mit ihnen ist Freude, Nahrung und Wärme verbunden*[21]. Auch hier kann man an *Bernhard und Bianca* erinnert werden, da gerade in den ersten Filmminuten das Gesicht des Helden (Kody) besonders ausdrucksstark zur Geltung gebracht wird. Bestimmte Montagetechniken bewirken eine mehr oder weniger variierende Aufmerksamkeit. So zeigt sich anhand der Dichte, mit der die Bildfolgen montiert sind, welche Möglichkeit der Aufmerksamkeit dem Rezipienten überhaupt gegeben ist. Natürliche Aufmerksamkeit und medientechnisch herstellbare Montagetechnik stehen sich hier gegenüber. Eine der inzwischen traditionellen Thesen von seiten der Medienkritik lautet, daß die natürliche Selektion durch eine bestimmte Frequenz der Montage hintergangen werden kann und somit die natürliche Aufmerksamkeit ausgeschaltet wird. Die Aufmerksamkeit seitens der Rezipienten ist zusätzlich von äußeren Faktoren abhängig. Die Grade der Aufmerksamkeit hängen von den Umständen ab, unter denen ferngesehen wird. Hier gilt: Einsam fernsehende Kinder verarbeiten grundsätzlich auf eine andere Art als dies Kinder tun, die in der Gruppe mit Geschwistern, den Eltern etc. fernsehen. Wie aus der

20 Herta Sturm, *Fernsehdiktate*, Gütersloh 1991, S. 46
21 Guski 1989, a.a.O., S. 47

Entwicklungspsychologie bekannt ist, daß das Lernen der Kinder durch die Fragen und Erklärungen, die Erwachsene den Kindern anbieten, in ganz entscheidendem Maße bestimmt ist, so gilt auch für das Fernsehverhalten, daß Kinder Situationen besser verstehen und verarbeiten, wenn sie während des Fernsehens Fragen stellen können. Gerade bei der Fülle der vorabendlichen Kinderprogramme geben Eltern den Kindern eine wichtige Hilfestellung bei dem Erschließen von Bildverläufen und Handlungen. Ähnlich dem Spracherwerb bei Kleinkindern, der nach Piaget mit dem 4. Lebensjahr abgeschlossen ist, verhält es sich mit allen welterschließenden Fähigkeiten, die ein Kind erwirbt. Besonders die frühen Prägungen haben eine weitreichende Bedeutung für seine Entwicklung. Diese Entwicklung wird nicht nur durch das Umfeld geprägt, sondern sie wird überhaupt erst möglich in einem Umfeld. Der Mensch ist von Natur aus ein soziales Wesen, sein Lernen daher immer auch ein Lernen von Verhaltensformen.

Die Wahrnehmung von Dingen, Bewegungen und Lebewesen wird im Laufe der Entwicklung zunehmend differenzierter. Welche Faktoren sind dann von so entscheidender Bedeutung, daß sie zur Ausprägung von individuellen Entwicklungen führen? Den Status der individuellen Entwicklung oder des Lernens mache ich dabei an den Merkmalen fest, die innerhalb des Wahrgenommenen hervorgehoben werden. Kinder lernen bereits im Laufe ihrer frühen Entwicklung auf unterschiedliche Dinge zu reflektieren. Da es sich hier um Dinge handelt, die Kinder durch ihre Umgebung bedingt kennenlernen, spricht man auch von milieuabhängiger Wahrnehmung.

Wie verhält es sich nun mit Gegenständen, die die Aufmerksamkeit der Kinder hervorrufen? Ähnlichkeit zu Gegenständen, die ihnen in irgendeinem Zusammenhang bekannt sind, fordern das Interesse heraus, da ein Maß an Vertrautheit Sicherheit verspricht. Diese Sicherheit wird in neue Situationen eingebracht. Weiter vermute ich, daß sich mit den Worten »Ähnlichkeit« und »Vertrautheit« ein Bereich umschreiben läßt, der bestimmte Gegenstände emotional bevorzugt. So kann die Vorliebe für bestimmte Figuren erklärt werden, die durch auffällige Ähnlichkeit in Kindersendungen eine Rolle spielen. Freilich erweitert sich das Repertoire an Figuren im Laufe der Entwicklung, was jedoch nicht immer zwangsläufig geschehen muß, und es kann wie in allen Lebensbereichen zu veränderten Vorlieben kommen. Die Wahrscheinlichkeit jedoch, daß sich Vorlieben und auch Abneigungen mit einer gewissen Konstanz halten, ist groß. Im Laufe der frühkindlichen Entwicklung jedoch ist die Beschaffenheit der bevorzugten Figuren noch nach stereotypen Mustern angelegt. Diese Muster lassen sich gewissermaßen abrufen, wenn sich Kinder in Situationen befinden, in denen sie handeln und entscheiden können. Eine Studie über die Rezeptionsformen des frühkindlichen Fernsehverhaltens konnte belegen, daß, sobald Kleinkindern Situationen auf dem Bildschirm vertraut sind, sie sofort deutlich interessiert oder ablehnend reagieren[22].

Dieses Reaktionsmuster festigt die Annahme, daß bei der leichten Wiedererkennbarkeit von Zeichentrickfiguren dieser Effekt besonders gut zu beobachten ist. Jede Figur unterscheidet sich von den anderen Figuren durch ihre äußere Kontur und die Art der plakativen Flächigkeit. Walt Disney entwickelte dafür den sogenannten »weichen Zeichenstil«. Bei positiven Figuren herrschen Rundungen, bei negativen Figuren eckige Formen vor (Bsp. *Bernhard und Bianca* – Kody: Mc Leach). Der weiche Zeichenstil arbeitet mit Archetypen, mit symbolischen Formen, mit denen bewußt oder unbewußt

22 Vgl. Jens Uwe Rogge, *Faszinationen des Fernsehens für Kinder*, Bundeszentrale für politische Bildung, Bonn o.J., S. 19

positive oder negative Assoziationen geweckt werden. Eine archetypisch positiv besetzte Figur mit negativen Eigenschaften auszustatten, dürfte, zumindest im Bereich der frühkindlichen Wahrnehmung, sehr problematisch für das Verständnis der Figur werden. In der Verbindung von Formen und Perspektiven ergibt sich langsam ein Geflecht von Merkmalen, die in ihrer Wirkung auf die frühkindliche Wahrnehmung ein medienpsychologisch kalkulierbares Raster ergeben, das seine Rezipienten mit großer Wahrscheinlichkeit erreicht. Gerade die Verbindung von kognitiven Voraussetzungen, die durch die Entwicklung des Kindes weiter ausgeprägt werden, und einer Mediendramaturgie, die die kognitive Voraussetzung ihrer Zielgruppe im Blick hat, läßt bei stark emotional besetzten Bildern immer wieder die Frage aufkommen, ob die Möglichkeiten der Rezeption, die das Fernsehen in ganz unterschiedlicher Form anbietet, ein kreatives Wahrnehmen und Lernen fördern.

Lieferbare Bände der Reihe

Veröffentlichungen des Instituts für Neue Musik und Musikerziehung, Darmstadt

Band 11 ED 6390
Über Musik und Kritik
Hg. von Rudolf Stephan, mit Beiträgen von Carl Dahlhaus, Reinhold Brinkmann, Ernst Ludwig Waeltner und Erhard Karkoschka

Band 14 ED 5728
Über Musik und Sprache
Hg. von Rudolf Nykrin, mit Beiträgen von Elmar Budde, Tibor Kneif, László Somfai, Klaus Kropfinger, Paul Op de Coul, Reinhard Gerlach und Jürg Stenzl

Band 15 ED 5729
Avantgarde und Volkstümlichkeit
Hg. von Rudolf Stephan, mit Beiträgen von Carl Dahlhaus, Károly Csipák, Wolfgang Burde, Rudolf Stephan und Hellmut Kühn

Band 16 ED 5730
Schulfach Musik
Hg. von Rudolf Stephan, mit Beiträgen von Arno Forchert, Hans Heinrich Eggebrecht, Elmar Budde, Carl Dahlhaus, Jürgen Uhde, Johannes Fritsch, Lars Ulrich Abraham, Hellmut Kühn, Helga de la Motte-Haber, Hans-Christian Schmidt und Hermann Battenberg

Band 18 ED 6774
Avantgarde – Jazz – Pop. Tendenzen zwischen Tonalität und Atonalität
Hg. von Reinhold Brinkmann, mit Beiträgen von Dieter Schnebel, Ernstalbrecht Stiebler, Clytus Gottwald, Johannes Fritsch, Diether de la Motte, Ekkehard Jost, Niels Frédéric Hoffmann, Hans-Christian Schmidt und Sieghart Döhring

Band 19 ED 6810
Die neue Musik und die Tradition
Hg. von Reinhold Brinkmann, mit Beiträgen von Carl Dahlhaus, Hermann Danuser, Ekkehard Jost, Ulrich Dibelius, Jürg Stenzl, Werner Klüppelholz und Peter Andraschke

Band 20 ED 6886
Improvisation und neue Musik
Hg. von Reinhold Brinkmann, mit Beiträgen von Carl Dahlhaus, Vinko Globokar, Diether de la Motte, Ekkehard Jost, Fred Ritzel, Erhard Karkoschka, Johannes Fritsch und Niels Frédéric Hoffmann

Band 21 ED 6957
Musik im Alltag
Hg. von Reinhold Brinkmann, mit Beiträgen von Kurt Blaukopf, Hellmut Kühn, Leo Karl Gerhartz, Klaus-Ernst Behne, Johannes Fritsch, Reinhard Fehling, Manfred Becker, Niels Frédéric Hoffmann, Rudolf Frisius und Alexander Schwan

Band 22 ED 7102
Musiktheater heute
Hg. von Hellmut Kühn, mit Beiträgen von Hellmut Kühn, Carl Dahlhaus, Wilfried Gruhn, Hartmut Kahnt, Peter Becker und Georg Quander

Band 23 ED 7130
Komponieren heute. Ästhetische, soziologische und pädagogische Fragen
Hg. von Ekkehard Jost, mit Beiträgen von Helmut Lachenmann, Peter Becker, Johannes Fritsch, Ekkehard Jost, Helga de la Motte-Haber, Carl Dahlhaus und Hans-Christian Schmidt

Band 25 ED 7313
Musik zwischen E und U
Hg. von Ekkehard Jost, mit Beiträgen von Diether de la Motte, Carl Dahlhaus, Wolfgang Sandner, Artur Simon, Thomas Rothschild, Hans-Christian Schmidt, Klaus Angermann und Barbara Barthelmes

Band 26 ED 7395
Die Musik der fünfziger Jahre. Versuch einer Revision
Hg. von Carl Dahlhaus, mit Beiträgen von Carl Dahlhaus, Hermann Danuser, Friedrich Hommel, Gieselher Schubert, Rudolf Stephan und Clemens Kühn

Band 27 ED 7436
Neue Musik und ihre Vermittlung
Hg. von Hans-Christian Schmidt, mit Beiträgen von Hans-Christian Schmidt, Hansjörg Pauli, Carl Dahlhaus, Ulrich Dibelius, Detlef Gojowy, Diether de la Motte, Volker Bernius, Kjell Keller und Werner Klüppelholz

Band 28 ED 7586
Musik und Theorie
Hg. von Rudolf Stephan, mit Beiträgen von Albrecht Riethmüller, Helga de la Motte-Haber, Rudolf Frisius, Giselher Schubert und Klaus-Ernst Behne

Band 29 ED 7691
Musikszene heute
Hg. von Ekkehard Jost, mit Beiträgen von Hansjörg Pauli, Reinhard Oehlschlägel, Andreas Wiesand, Ekkehard Jost, Helmut Rösing und Hans Günther Bastian

Band 30 ED 7761
Musik und Raum
Hg. von Marietta Morawska-Büngeler, mit Beiträgen von Ernst Lichtenhahn, Jürgen Meyer, Ivanka Stoianova, Klaus-Ernst Behne und Marietta Morawska-Büngeler

Band 31 ED 7835
Die Musiker der achtziger Jahre
Hg. von Ekkehard Jost, mit Beiträgen von Hans Zender, Hermann Danuser, Christoph von Blumröder, Ekkehard Jost, Peter Niklas Wilson, Helga de la Motte-Haber, Bert Noglik und Marietta Morawska-Büngeler

Band 32 ED 7960
Neue Musik im politischen Wandel
Hg. von Hermann Danuser, mit Beiträgen von Detlef Gojowy, Grigori Pantijelew, Andrzej Chłopecki, Frank Schneider, Hermann Danuser und Rudolf Frisius

Band 33 ED 7466
Form in der Neuen Musik
Hg. von Ekkehard Jost, mit Beiträgen von Christian Martin Schmidt, Konrad Boehmer, Helga de la Motte-Haber, Johannes Fritsch und Rudolf Stephan